始皇帝 中華統一の思想

『キングダム』で解く中国大陸の謎

渡邉義浩
Watanabe Yoshihiro

章扉／秦の石鼓文
組版／アイ・デプト．
図版作成／ＭＯＴＨＥＲ　アイ・デプト．

はじめに

中国国内で、海外のITサービスの多くにアクセスできないことは周知の事実だ。政府はGoogle検索やYouTube、Twitterといったサービスを締め出し、監視・検閲ができる自国の企業に、百度《バイドウ》や优酷《ユーク》、微博《ウエイボー》など、同様のものを提供させている。

中国人は、自分たちがそのような状況に置かれていることを理解しているが、世界標準のサービスにアクセスできない現状に対して、声を上げる者はほぼいない。国内企業によるサービスはひじょうに洗練されており、人々はそこに特段の不満を感じていないからだ。

なぜ中国ローカル企業が、世界的IT企業に引けを取らないものを提供できるのかといえば、それはもちろん、閉じられた14億人もの巨大市場があるからだ。最近は真似《まね》をするだけでなく、独自開発のサービスがアジアを席巻する例も出始めた。これも巨大市場が目の前にあるので、事業者は思い切った投資ができるということだろう。

現代中国のパワーには驚かされるばかりだが、その力の源泉は、ここで見たように圧倒的な人の多さにある。では、中国はなぜこれほど桁違いの人口を擁しているのか。言い換えれば、それだけの人が生活する、目のくらむほど広大なエリアをなぜ支配できているのか。

中国人が人種的に均質だから、という回答には説得力がない。中国に住む人々は実に多様である。

実際に訪れてみるとわかるが、北方は背の高い人が目立つ一方で、南方は日本人と同じくらいの体格の人が多い。容貌も、東方の人々は日本人と似ている印象を受けるが、南方へ行けば東南アジア系の顔立ちの人が目立つし、西へ向かえば中東系の彫りの深い人が多数派になり、時には青い眼《め》をした金髪の中国人に出会うこともある。気候は北と南で著しく異なり、文化や風習も地域差がひじょうに大きい。各地で話されている言語はそれぞれまったくの別物で、会話での意思疎通も困難なありさまだ。

以上のことを素直に読み取れば、中国大陸は現代でも複数の国が乱立しているのが自然、ということになるだろう。春秋戦国時代を舞台にした原泰久氏の漫画『キングダム』のように、7つの国が並び立っているような状況である。

だが、人類史上、中国ほど何度も統一された国はほかに存在しない。ローマ帝国は崩壊後、二度と再興しなかった。インド半島の大部分を平定したマウリヤ朝もアショーカ王の死後に分裂し、インド統一は近代に入るまで成し遂げられることはなかった。

それに対し、中国では魏晋《ぎしん》南北朝の370年、五代十国の54年を除けば、基本的に2000年前から統一された状態にあった。気の遠くなるような期間にわたって、広大な領土と膨大な人口を支配することに成功し続けてきたのである。

世界中で中国でだけ、そのようなことが可能だったのはなぜだろうか。その淵源は、初の統一帝国・秦《しん》にある、というのが本書の主張である。

秦は始皇帝・嬴政《えいせい》が生まれる100年ほど前に一大政治改革を行ない、国内のすべてのリソースを戦争に投じる体制を構築した。歴史の偶然と、既得権を持った「抵抗勢力」の反発を撥《は》ね除《の》けて改革を断行した「変革者」がいたために、楚《そ》や斉《せい》、趙《ちょう》といった国とは完全に異質な国へと変貌し、中国大陸統一を成し遂げたのだ。

その改革の理論的支柱となったのが「法家」の思想である。

始皇帝は統一後、中国全土で法家にのっとった支配を行なった。その統治方法は、あまりにも強力かつ実践的なノウハウを含んでいたため、秦の滅亡後も2000年にわたって歴代帝国に引き継がれてきた。結果、中国は長期にわたって分裂することなく、伝統的に広大なエリアを支配し続け、現代も超大国の一角を占めている。

今の中国には、55もの少数民族が暮らしている。また、北京政府を良く思わない地方人もいるだろう。だが、彼らに反乱を起こさせず中央からの支配を徹底できているのは、中国共産党政府もまた、紀元前206年に滅亡した秦の遺産を強く受け継いでいるからなのである。

では、現代にもつながる中国の特異性をもたらした、法家の思想とはどのようなものか。そして、始皇帝はどのような統治を行なったのか。

『キングダム』は、古代中国史を専門とする私の目から見ても、歴史を詳細に研究して描かれている。法家改革後の秦の体制についても、詳しく解説はされていないが、それを踏まえたストーリーが展開されている。

そんな、『キングダム』という物語の深いところを流れている地下水脈を、この本ではぞんぶんに解説したい。それを知ることは『キングダム』をより楽しむだけでなく、中華人民共和国という現代日本の巨大なる隣人を理解することにもつながるはずだ。

斉王との対話で、嬴政は統一後の「法家による統治」に言及する（45巻）

目次

第4章　始皇帝はなぜ儒家を憎んだのか

九　古典中国モデル

『キングダム』とは

『週刊ヤングジャンプ』で2006年から連載が始まった、原泰久による漫画。春秋戦国時代末期の中国を舞台に、秦王の嬴政《えいせい》（のちの始皇帝）に仕える武将・信《しん》の活躍を描く。

春秋戦国時代とは

春秋戦国時代とは、紀元前770年に周王朝が実権を失ってから、前221年に秦が中国を統一するまでの、約550年にわたる戦乱の期間をいう。前期の春秋時代（約370年）、後期の戦国時代（約180年）に分けられる。

第1章『キングダム』前夜

～春秋戦国時代はなぜ550年も続いたのか？

「歴史の針」を400年早めた秦の統一

秦王・嬴政《えいせい》は中華統一を果たし、550年にわたる戦乱の世を終結させた。この点について後世の歴史学者の目から見たとき、ひじょうに興味深いことがある。それは、秦の統一は紀元前221年のできごとだったが、歴史が穏当に進行したならば、統一は紀元0〜200年頃に起きるのが自然だったということだ。

その時期にいったいどの国が中華を平定することになったのか。秦か楚か斉か、それはわからないが、しかるべき「歴史のスケジュール」から考えるならば、前221年の嬴政による統一は200〜400年ほど早かったと思われる。

なぜそんなことが言えるのか。

はるか昔から春秋戦国時代までの中国は、一般の農民から国の支配者層にいたるまで、「マトリョーシカ型のピラミッド構造」ともいうべき社会だった。のちに詳しく説明するが、この社会構造の中では、一国の君主といえども国の一部しか支配・掌握できていない。君主が統一を目指したとしても、その理想のもとに国中の力を結集させることはひじょうに困難で、どの国も中国大陸統一など事実上不可能だったのである。

春秋戦国時代は、このピラミッド構造がゆるやかに崩れていく過程にあたる。その背景には農業技術の進展があるのだが（詳しくは後述）、作為がなく、ゆるやかにピラミッド構造の崩壊が進んでいったとすれば、それが完了するのは紀元0〜200年頃になっただろうと私は推測している。

だが、七国の中で秦だけが、ある時期から、人為的にこの社会構造の崩壊スピードを加速させた。六国の首脳が統一など考えもしていなかったか、あるいは数百年先の未来のことだと考えている間に、秦のみが六国平定を可能とする体制を国内に作りだしたのである。結果、秦はほかとは完全に異質な国へと変貌し、未曽有の統一を成し遂げたのだ。

第1章では、まず『キングダム』の物語が始まる前の歴史を振り返ろう。そのうえで、この奇妙な「マトリョーシカ型のピラミッド構造」を説明したい。最初から入り組んだ話になるが、ついてきてほしい。キーワードは「氏族制」である。

一 『キングダム』以前の歴史　周〜春秋戦国時代

邑制《ゆうせい》国家・周

古代中国には夏、殷《いん》（商）、周と3つの王朝があったとされるが、夏については実在したか定かではない。痕跡が確認できる最古の王朝は殷である。紀元前17世紀頃から約600年間にわたって続いた殷を滅ぼし、紀元前1000年頃に成立したのが「周王朝」だ。

殷・周が存在していたというと、秦の前に中国を統一した王朝があったと思われるかもしれないが、殷・周の支配は、秦とは量的にも質的にも完全に異なる。最初のふたつの王朝は「都市国家の連合体」に過ぎなかった。

当時の国の単位は、「邑《ゆう》」と呼ばれる城であった。では邑はどうイメージすればいいか。『キングダム』の読者には簡単だ。信が間近に見て仰天した王騎《おうき》の城を思い出してほしい。あの城壁に囲まれた領域が邑である。殷・周の時代はあの城ひとつで一国だった。

邑は日本では「むら」とも読むが、「村」とは違う。邑が富んで人口が増え、邑の郊外に農村を作ったことで誕生したのが村である。

殷・周時代の君主が治めているのは邑の城壁の内側だけで、城の外側で暮らす人々は支配できていない。そんな邑という「点」同士が結びついてできあがっていたのが殷・周王朝であったから、当然ながら「面」での支配はできていなかったのだ。このような、点同士のネットワークで成り立つ国家形態を「邑制国家」という。

中国古代王朝の流れ

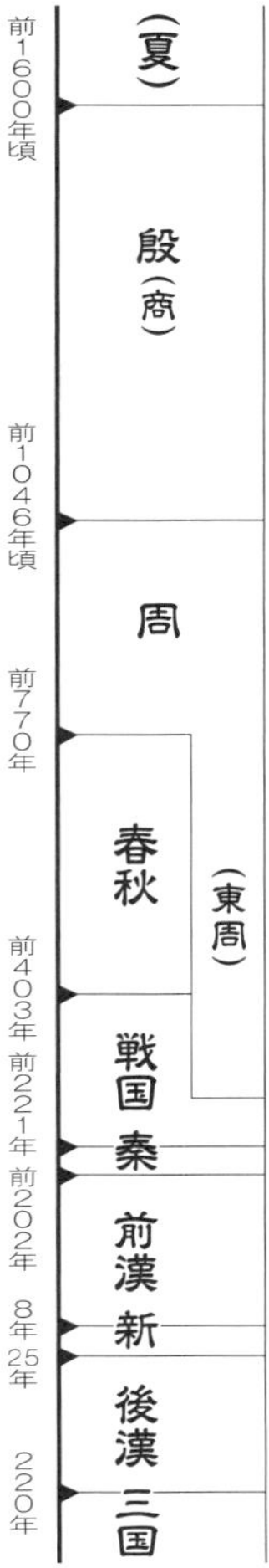

周から春秋時代は、このような「邑」でひとつの国だった。邑の城壁の外は支配できていない。外にまで支配が及ぶようになるのは、春秋戦国時代まで待たなければならない（10巻）

局地的な地方有力者の連合が殷や周であり、邑の外には王とは関係なく暮らす人々が大勢いた。

それに対し、秦は邑の外にある広大な領域までをも「面」で支配し、皇帝が自分の意のままに管理し収奪することができた。

周王朝に参加する邑の人口の合計が500万人とされているのに対し、始皇帝の秦には5000万人が暮らしていた。ひと桁違う。この点からも、中国大陸を初めて統一したのは秦だと考えて間違いない。

周の封建制

では「七大国」が並び立つ『キングダム』の舞台が整うまで、周はどのような政治を行ない、どんな経緯をたどって七大国体制になったのか。

周王が直接治めていたのは鎬京《こうけい》という特定の邑のみだった。『キングダム』でいえば、趙の都・邯鄲《かんたん》のあたりを想像すると良い。当時の文化の中心地ではあったが、周王の支配が及ぶのはひじょうに限られた場所だけだったといえる。

その他の邑は、地方の有力者である「諸侯」が統治する。彼らは、昔からその土地で強い勢力を誇っていた者や、周王の親族、あるいは周王のもとで功績を挙げた臣下だった。

周王は、諸侯を各国の「君主」としてそれぞれの領土の自治を認める一方で、一定の税を周の都（鎬京）に送り、有事には軍隊を引き連れて周王朝を守ることを求めた。「自国でどのような法を定めても良いし、税をいくらとっても構わない。その代わり一定額を中央におさめ、危機に際しては外敵と対峙《たいじ》せよ。諸侯の位は一族で受け継げ」

このようなシステムを「封建制」という。

なぜ諸侯に地方統治を任せたかといえば、周王が都以外の場所を直接支配するだけの力を持っていなかったからだ。しかし、地方を諸侯に任せたままにすれば、諸侯の一族がその土地に根を下ろし、周王の目が届かない場所で力を持つ恐れがある。

そこで周王は、自分の氏族の娘たちを主だった諸侯に嫁がせ、血縁関係を結んでいった。諸侯は周王の「親戚」となる。周王は、周という国を「一個の大きな家族」に見立てて、人々が一族のリーダー（家長）を尊敬し支えるのと同じように、諸侯が周王室を敬い仕えることを求めたのだ。

周王が、諸侯に忠誠を誓わせるために「血縁」を利用したことには理由がある。ここで、中国で独自の発達を遂げ、現代も色濃く残る「宗族《そうぞく》」という概念について説明しよう。

宗族は父方の血筋によって結びついた集団だ。共通の祖先を祀《まつ》り、基本的には共に生活を送っていた。こう説明すると、日本の親族と同じだと思われるかもしれないが、宗族の規模は大きい場合で数千人に及ぶ。

宗族のリーダーは本家の嫡長子（本妻の長男）に受け継がれていき、同じ宗族内での結婚は禁止される。現在でこそ共同生活は少なくなったが、宗族は古くから続く中国の基本ユニットだ。

周王一族の娘を嫁にもらうということは、諸侯が「周王の宗族」に組み込まれたことを意味する。さらに、諸侯も自分の国の重臣たちに対して、血のつながりがない場合は、自分の一族の娘を嫁がせている。つまり、それぞれの国でも、諸侯をトップとする宗族を形成し、疑似血縁関係で運営する形を作ったのである。

〈周王―諸侯〉でひとつの「家族」、さらに〈各国の君主（諸侯）―臣下〉もひとつの「家族」として成り立たせたのだ。封建制は日本でもヨーロッパでも見られるが、このように血縁関係をベースに置いたものは中国のほかにない。

ちなみに、周を興した武王の姓は姫《き》という。「お姫様」という言葉は、周王一族の姫の娘たちが豪華な衣裳《いしょう》で諸侯に嫁入りしていった姿が語源である。

東周王を支えた「覇者」

歴史のターニングポイントは、周の建国から約250年後の紀元前771年にやってきた。一部の諸侯と手を組んだ西方の異民族・犬戎《けんじゅう》によって12代周王が殺害されたのだ。周王室はほうほうの体で東の洛邑《らくゆう》（のちの洛陽）に逃がれ、都を移した先で「東周」という王朝を建てた。しかし、弱体化した東周の王に権力は二度と戻らず、諸侯たちは独自に力を蓄えていった。

有力な諸侯が領土を拡大していった東周の時代を、歴史区分では通常「春秋戦国時代」と称する。東周時代の前半が「春秋時代」、後半が「戦国時代」だ。ちなみに春秋

諸侯に招き入れられ、周王を殺した犬戎の話は、『キングダム』で随所に出てくる。強力な戦闘力を持った異民族をどう味方にするかは、諸侯の力関係に大きな影響を及ぼした（49巻）

春秋時代（前770〜前403年）後期の勢力図

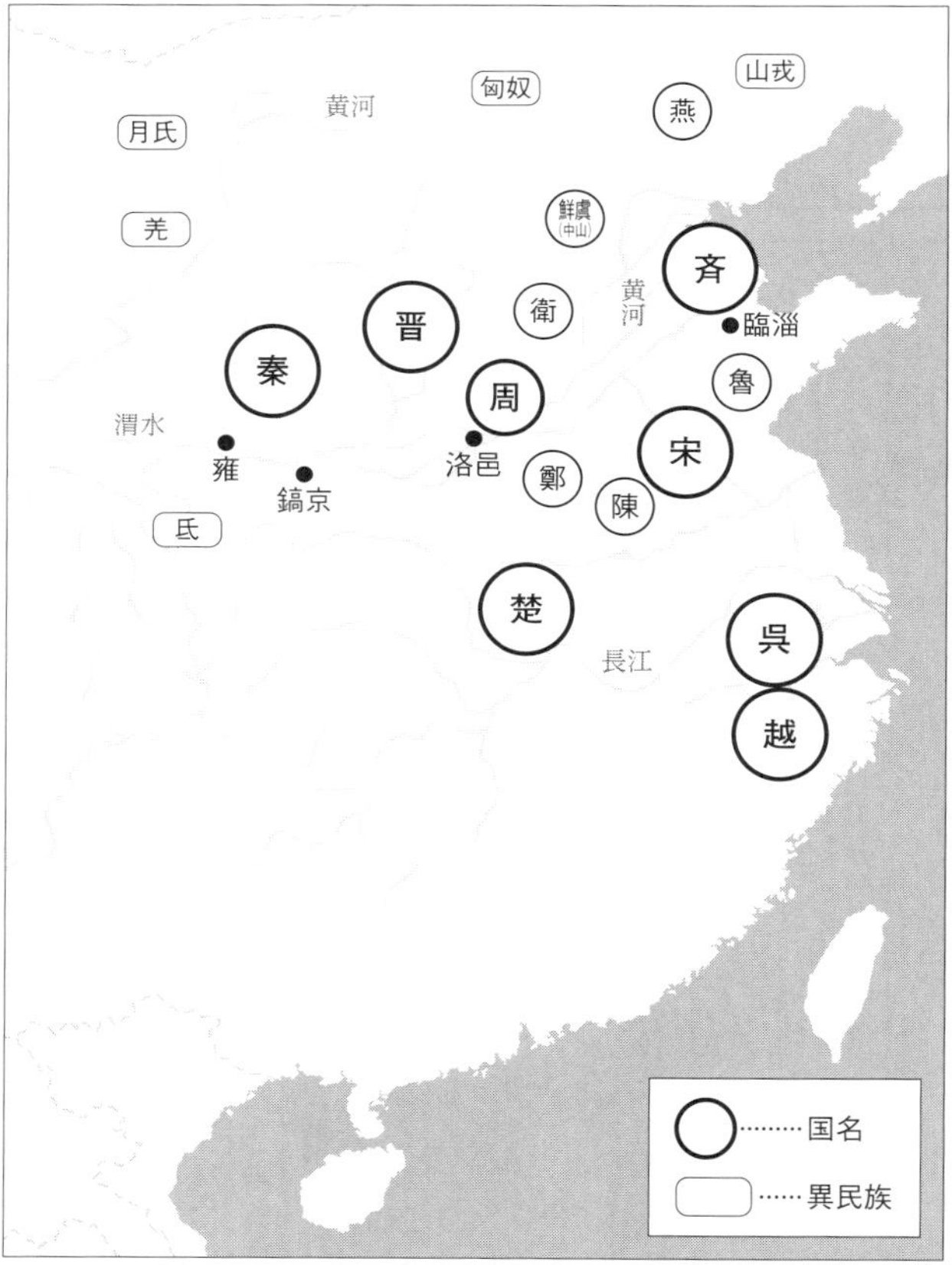

春秋時代の「国」は、邑という「点同士のネットワーク」で成り立っていたので、明確な国境線はない（邑制国家）。この時代、中国大陸には、300近い邑がひしめいていたと考えられる

という名称は、魯《ろ》の国で記されたこの時代の年代記『春秋』に由来する。

春秋時代の初めには大小合わせて300近い邑（国）がひしめいていたが、ある国は同盟を結び、脆弱《ぜいじゃく》な国は強国に飲み込まれ、次第に淘汰《とうた》されていく。やがて、東周をはるかに凌《しの》ぐ力を蓄えた諸侯も出てくるが、興味深いことに彼らは東周を滅ぼさず、あえて東周の王のもとで政治的実権を握ることを選んだ。東周に権力はなかったが、血筋の貴さから権威は残っていたからだ。

封建された領土を超え、王朝の政《まつりごと》をつかさどり、対異民族抗争のリーダーとなった者を「覇者」と呼ぶ。覇者は「尊王攘夷」（王を尊び、夷を攘《うちはら》う）を旗印に、夷狄《いてき》（異民族）から東周と諸国を守った。

東周の王と覇者の関係は、江戸時代の日本を考えるとわかりやすい。天皇をトップに、そのもとで最強の大名である徳川家が政治的実権を握るのが当時の体制だ。【天皇—征夷大将軍—大名】と【周王—覇者—諸侯】は同型に近い。ただし、江戸の征夷大将軍は徳川家のまま260年間変わらなかったが、東周の覇者は何人も入れ替わった。そのときにもっともパワーを持ち、尊敬を集める者が覇者として認められたのだ。

戦国時代（前403〜前221年）初期の勢力図

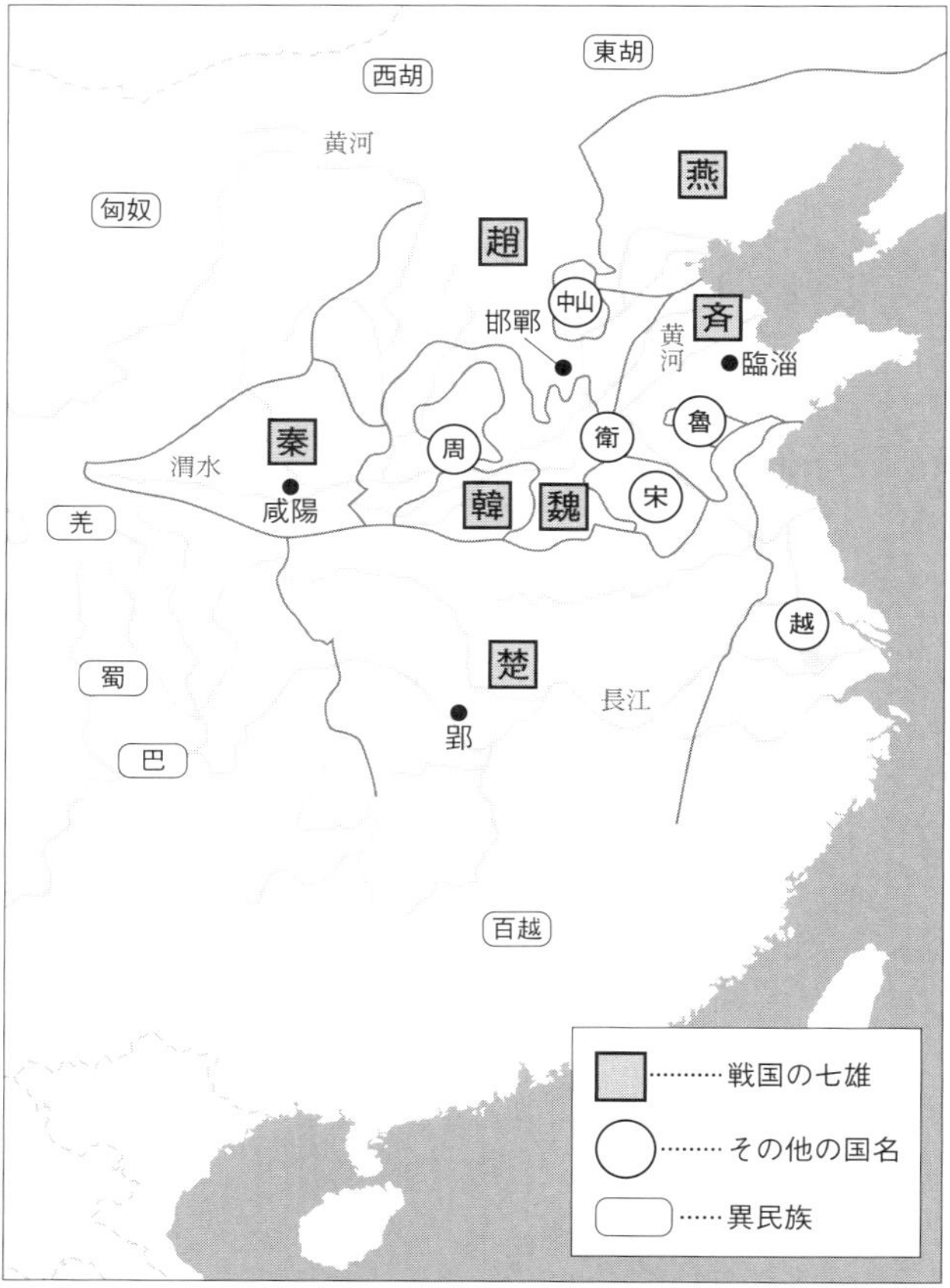

戦国時代に入ると、邑の外まで支配が及ぶ「領域国家」が生まれてきた。この「戦国の七雄」が、『キングダム』で秦とともに覇を競い合う国々である

東周の命脈はすでに尽きていたが、覇者が東周を支える体制が確立したため延命された。だが、春秋時代後期になると覇者が成立しなくなり、諸侯同士の併呑《へいどん》合戦は活発化する。邑以外のエリアにも支配が及ぶ――つまり点ではなく面を領地とする――「領域国家」が多数生まれていった。300近い邑が消えてなくなり、戦国時代に入る紀元前403年頃には、中国は「七大国とその他の国」に集約されつつあった。

二 氏族制とはなにか

血縁による「身分制」

この章の冒頭で、国を統べる君主といっても、その実態は国の一部しか支配できていなかった、したがって秦以外の国は統一など望めない体制だった、と述べた。

それは当時の社会が「マトリョーシカ型のピラミッド構造」ともいうべき性格をもっ

ていたからである。歴史学では、これを「氏族制社会」と呼んでいる。氏族制社会はこれまで述べてきた周の支配体制と密接に絡み合っている。詳しく説明しよう。

氏族制をひとことで言えば、「血縁関係による身分制」だ。よりわかりやすく言えば、町の町長、警察署長、税務署長に誰が就くか、すべて血筋で決まっている、ということである。仕組みはごく単純。役職者が老いたら、その一族の嫡長子（本妻の長男）がその地位を受け継ぐ。

この制度は小さな町レベルから国の上層部にいたるまで徹底していた。最たるものがその国の君主（世襲の諸侯）だ。

また、宗族の「本家」と「分家」の間には、越すに越せない身分の壁が立ちはだかっていた。本家が上で分家が下という秩序は絶対で、どれほど優秀な人物でも、分家に生まれた者は本家の職には就けず、その秩序を受け入れなければならなかった。たとえば本家の嫡長子は警察署長になれても、分家の生まれではその補佐役にしかなれない。

庶民の間にも氏族制は浸透していた。あなたが農業を営む家の分家なら、本家はあなたよりも労働の分担が少ない。暮らし向きも良い。ただし、本家のリーダーにも逆らえない存在がいる。その土地の有力者だ。町の長《おさ》などの有力者は、町内では文字通りの支配者としてふるまっている。税を徴収するのも彼らだし、町の中で起きた犯罪なら、有力者のもとで裁かれる。

そんな町の有力者も、より広域の有力者には逆らえない。より広域の有力者も、さらに広域を治める有力者の支配下にある。これを一段一段上っていくと、その国の君主（諸侯）にたどり着き、最終的には周王まで行き着く。

マトリョーシカ型と述べたのは、この意味である。別の表現をすれば、本家と分家の小さなピラミッドがあり、その上には何段階ものピラミッドが重なって存在する。このような「入れ子構造」のピラミッドの中に、基本的にはすべての民が位置づけられている。

だがしかし、重層的なピラミッド構造であるために、国のトップは末端の国民のことなどまったく把握できていない。たとえ君主であっても、なにか事を起こす場合は、その地域のローカル権力者の協力なしでは進められないのだ。このように、ローカル権力者の力が温存されている構造が、氏族制社会の特徴である。

当時は本家を大宗、分家は小宗と呼んでいたが、このピラミッドの秩序を受け入れ、下の者は上の者を敬うこと、つまり「分をわきまえること」は道徳的に正しいことだとされた。下が上に逆らう、あるいはピラミッドの外に出ることは、原則として許されなかった。

ちなみに『キングダム』でも、本家（大宗）の地位の高さがうかがえる描写がある。一番わかりやすいのが、王賁《おうほん》の持っていた攻城兵器だ。

18巻で秦は魏の山陽を攻めるが、その際、王賁はまだ三百将でしかなかったにもかかわらず、超大型の攻城兵器を使って城を落とすシーンが出てくる。これは王家が秦の名門氏族だったことの現れであろう。戦国時代後期、秦のみは氏族制を解体したため、『キングダム』の頃には実力ある氏族しか領土を持っていなかったはずだ。王家は、王騎や王翦《おうせん》を輩出するだけでなくさらにその前の代から、相当な功績を挙げていた氏族だったことが読み取れる。王賁はそんな名門の、しかも本家の生まれだったために、若くしてこのような巨大兵器を使うことができたのだ。

蒙恬も、蒙驁や蒙武を輩出した名門の生まれだが、蒙家は蒙驁の代から秦にやってきた新興の家として描かれている。この巨大兵器に蒙恬が驚くのも当然なのだ（18巻）

「農業革命」と氏族制社会の緩み

なぜこのような、本家と分家で差別する身分制社会が作られたのか。農業効率の悪さにその理由がある。

核家族で耕作をしても十分な量が収穫できないため、当時のひとは集団生活を送らざるをえなかった。大規模に農業を行なった方が生産量も多くなるので、血縁のない場合でも複数の一族が一緒になって集落を営むのだ。

そして、複数の一族が軋轢《あつれき》を起こさないで共に暮らすために、「祖先神信仰」が共有された。

祖先神信仰とは、「われわれは血筋をたどっていけば同じ祖先にたどり着く。その人は超人間的な力を持った偉人で、ほかの集落と戦って勝利し、皆を豊かにしてきた」というものだ。

本家の地位が高いのは、その祖先のパワーを一番色濃く受け継いでいる血筋だからである。本家の中では、嫡長子が次代のリーダーと定められているのも、そのためだ。

氏族制社会とは、こうした祖先神信仰や祭祀《さいし》を共有する人々の「宗教的結びつき」が世の中の基礎にある社会なのである。

こうした中で生きる以上、分家の者は大人しく氏族制の秩序に従うほかはない。たとえ、本家の楽な生活に比べて自分が苦しい状況にあることに疑問を持ったとしても、その秩序からひとり離れれば飢え死にしてしまう。

だが、農業生産力が上がれば、この体制に揺らぎが生じる。本家に従わなくても飢えずに暮らせるなら、分家の者がわざわざ不利な状態に甘んじている必要はなくなる。

歴史的には、春秋後期から始まった技術革新が農作物の生産量の増大にもっとも貢献した。具体的に言えば、「鉄の大量生産」と「牛犂耕《ぎゆうりこう》」である。

鉄の製造自体は殷の時代からすでに行なわれ、武器の刃などに使われていた。だが製鉄技術が未熟だったため鉄製品は貴重で、大量に作られることはなかった。鋳造技術が進歩し、鉄製品の製造がさかんになるのは戦国時代に入った頃だ。

もともと高度な青銅器鋳造技術を持っていた中国は、その技術を応用して硬度と強靭性《きようじんせい》を兼ね備えた良質な鉄を作りだすことに成功した。高温で液体化した鉄を流し込む鋳型と、鋳鉄脱炭《ちゅうてつだつたん》という熱処理技術を導入することで、鉄器を大量に生産することも可能になった。この高温処理による中国の鉄製造技術は、なんとヨーロッパより1800年も先んじている。

鉄の材料は豊富に産出したため、大型の鉄製農具も続々と作られるようになる。とくに収穫量を押し上げたのが、鉄を使った大型の犂《すき》を牛に引かせて畑を耕す「牛犂耕」だ。鉄製品は青銅製品より安価であったため、農民たちの日用品にも鉄製品が用いられるようになっていく。

牛犂耕で、生産量はそれまでの何倍にもなったという。そうした状況で耕作地に適した場所を見つけ独自に開墾をすれば、分家の者であっても本家より豊かになれる可能性が出てきた。こうなると、本家や分家といった身分秩序は動揺する。

さらに、国の支配者層の間でも同様のことが起きていく。「分をわきまえる」という

牛犂耕

牛に鉄製の犂（すき）を引かせて畑を耕す「牛犂耕（ぎゅうりこう）」で、生産効率は大幅に上がった。集団で生産するのではなく、家族ごとに自立することが可能になり、社会構造を大きく変えたのである

道徳が絶対のものではなくなり、裕福な人間が支持され、権力が集まるようになる。これがエスカレートし、ついには君主が家臣に取って代わられることも起き始めた。これを「下剋上《げこくじょう》」と呼ぶ。

下剋上の最たるものが、晋という大国の有力氏族であった、趙氏・魏氏・韓氏の独立だろう。晋は周王の弟が興した国で、中原《ちゅうげん》（黄河中流域一帯）に大きな勢力を持っていた名門だったが、春秋時代の末期には国内で勢力争いが続き、ついに君主を無視して独立するものが出てきた。このとき独立してできたのが、『キングダム』でもお馴染《なじ》みの趙・魏・韓の3つの国である。

東周の体制が盤石であれば、この独立は決して認められなかったはずだ。しかし、東周の王は三氏の下剋上を承認した。言い換えれば、東周の王は自らの権威を失墜させるまでに追い詰められていたのだ。

のちに、この独立が認められた前403年は、諸侯が東周を尊重した春秋時代の終《しゅう》焉《えん》と見なされ、ここから先を戦国時代と呼ぶようになった。名称は始皇帝の統一から約200年後に成立した史書『戦国策』に由来するが、その名の通り春秋時代にも増して激しい戦乱の時代が、約２００年にわたって続くことになる。各国の君主は東周王の権威を一顧だにせず領土を奪い合い、やがて「戦国七雄」の七国に集約されていく。

東周は地方政権のひとつにまで没落し、前２４９年にはとうとう秦の呂不韋《りょふい》によって攻め滅ぼされた。

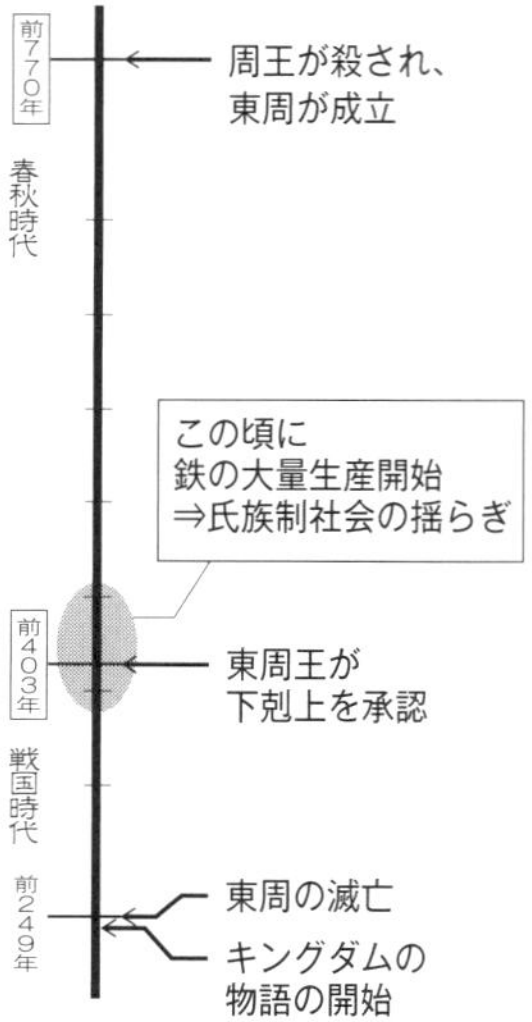

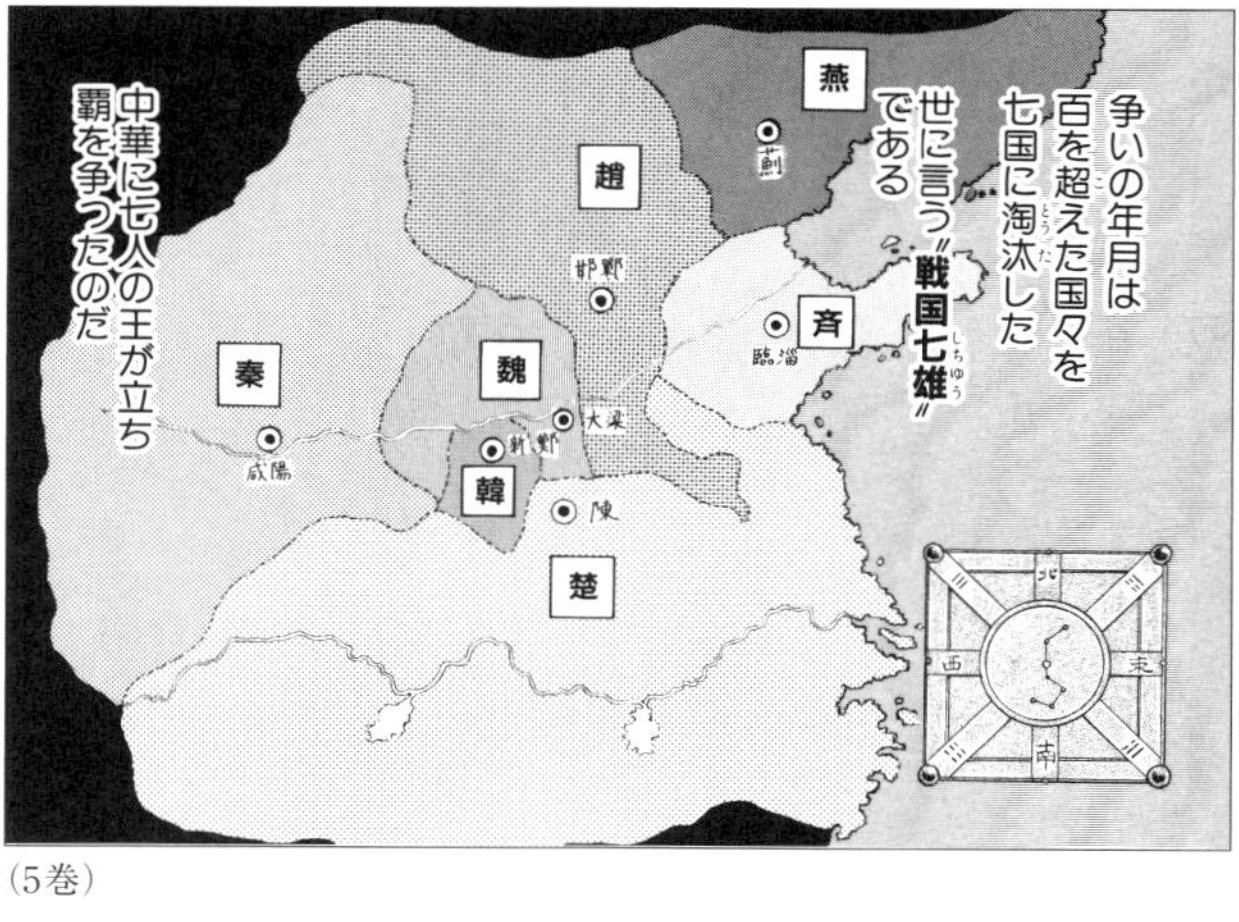

（5巻）

秦以外の国は〝EU〟を望んでいた？――李牧《りぼく》「七国同盟」の真の狙い

本章の冒頭でピラミッド構造と呼んだ氏族制社会は、春秋末期からこのように揺らぎ始めていたが、すぐに崩壊したわけではない。本家と分家という身分秩序はすでに1000年以上にわたって当時の人に染みついていた「道徳」だったので、一般庶民で宗族から完全に離れる者は一部に留《とど》まった。論理を超えた「宗教的結びつき」は簡単にはなくならない。

それぞれの国の支配者層も下剋上を警戒し、氏族制を積極的に壊すことはなく、むしろ強く守ろうとしていた形跡がある。氏族制が破壊されれば、支配者層が世襲によって権力の座にいることの根拠が失なわれてしまうからだ。

こうした事情は『キングダム』でも示唆されている。45巻、趙の宰相（行政の最高責任者）・李牧による「七国同盟」の提案がそれだ。

秦の桓騎《かんき》と信の連合軍に黒羊の地を奪われた趙は、李牧を咸陽《かんよう》に派遣する。そこで李牧は秦王・嬴政に対し、「中華統一の夢を諦めて頂きたい」と迫り、戦争をなくすため

戦国時代というと、各国が統一に向けてしのぎを削っていたように見えるが、国家の意志として統一を目指した国は秦だけだった。李牧の七国同盟の提案は、追い詰められた守旧派を象徴するものだったのだ（45巻）

に「七国同盟」という和平案を提案する。つまり、今でいうEU（ヨーロッパ連合）型の「国家連合」を求めたのだ。

改めて『キングダム』を読み返すと、李牧はもちろん、豪胆な戦上手の楚の宰相・媧《か》燐《りん》や、魏の呉鳳明《ごほうめい》といった生粋の軍人にいたるまで、「自国の国力を増大させ、自らの手で六国を征服する」などとは間違っても口にしない。秦の国力をはるかに上回る超大国・楚の宰相ですら、統一を口にしないことに注目してほしい。

これは史書で確認できないが、歴史の流れをよく表現している。氏族制社会が強固に存在していれば、各国の支配者層は世襲で自らの氏族の地位が保障されている一方、他国に併呑されでもしたら没落せざるをえない。それなら、今の形を維持した方が良い。現状を大きく変えようとする者が出現したら、連合を組んでその国を叩《たた》けばほかの国の王族や貴族は安泰、というわけだ。

実際、秦に襲いかかった五か国連合の「合従軍」は、そのような発想のもとで組織されている。『キングダム』では、魏の東郡を併呑することで秦が天下統一に大きく近づいたことを危惧した、李牧や楚の春申君《しゅんしんくん》が画策したことになっている。

さらに、こうした氏族制の維持を肯定するイデオロギーまであった。第4章で説明する「儒家」である。周時代の秩序を肯定する儒家は、戦国中期には各国首脳の中に入り込み、大きな支持を得ていた。統一という絵空事を掲げた「出過ぎた杭《くい》」を徹底的に打ちのめし、国家連合体制を推し進めることは、道徳的にも称賛される行為だったのだ。

『キングダム』の物語が始まる前244年頃でさえ、依然として秦以外の国では氏族制が強く残っていたのである。

思えば、「覇者体制」も国家連合的な性格が強い。東周王のもとで覇者が盟主としてリーダーシップを取るため戦争は減り、小国が大国に滅ぼされることは少なくなった。李牧の「七国同盟」は、秦のような「ならず者国家」を「更生」させて昔の美しい秩序に戻りたいという、既得権者たちによる悲痛な叫びなのである。

なぜ鄴《ぎょう》の城主は難民を追い返さなかったか

さらに各国の王には、中国全土を征服し尽くすだけの権力もなかった。

王というと、自国の領土すべてを支配しているように思われるかもしれない。しかし、周王が諸侯（各国の君主）にそれぞれの領土の支配を認めたように、諸侯も自分の弟や親族に領地を与え、彼らの自治を認めていた。

身内で国を固めたら安泰か？　いや、そのようなことはない。今の君主の弟や叔父ならば信用できるかもしれない。だが、君主の親族（公族・王族）といっても、はるかに遠い親戚も含まれている。歴史のある国の場合、「500年以上前の、君主の叔父の子孫」ということもあるのだ。今の君主からすれば、信のおけない他人に等しい。

公族・王族が支配する土地は、君主といえどむやみに干渉できない。兵士に適した若者は何人いるか、その地域の生産量はどの程度で、どれほど税が取れるかといった基本的な情報でさえ、君主は把握できていない。

税はローカル権力者が徴収し、その土地を支配する公族・王族の懐に入る。公族・王族はその金で武将や兵隊を養っていた。当然ながら、君主はそれらの武将や兵隊を直接指揮することはできない。

『キングダム』48巻で、秦の王翦・桓騎・楊端和《ようたんわ》の連合軍は趙第二の都市・鄴《ぎょう》を攻めた。このとき、鄴の城主は趙王の伯父だった。王の血縁者が重要な城を治めていることからも、戦国末期の趙は氏族制社会を色濃く残していたことがわかる。鄴を守備していたのは、趙王の軍隊ではなく、鄴の城主が自分の領土で養っていた軍隊である。

ちなみに、王翦は鄴周辺にある9つの城を攻め落とし、城を奪われた難民を鄴に集結させることで、兵糧攻めを行なった。なぜ鄴の城主は、食糧庫が逼迫《ひっぱく》するリスクを犯してまで難民を受け入れたのか。

おそらく9つの城を含む一帯は、鄴城主が支配するエリアだったのだろう。難民を追い返して野垂れ死にさせるようなことがあれば、鄴城主が今後得られる税が少なくなってしまう。王翦の策は、当時の支配体制を巧みに突いたものといえる。

話を戻そう。王は自分の国の一部しか支配できていない。イメージとして、国の領土が10あるとしたら、3を王が支配し、残りの7を複数の王族・公族が支配する形を想像してほしい。この場合、国全体で１００万の軍隊がいるとしたら、王が自在に操れるのは30万のみだ。仮に戦争で70万の兵が必要になったら、残りの40万はほかの王族に褒美を約束することで、武将と兵隊を出してもらうことになる。ここで

鄴の城主は、王翦に落とされた城の一帯を支配し、そこの民からの税で生活し、軍を維持していたのだろう。だから難民を保護したのである（48巻）

王が手荒なことをしたら反感を買い、叛旗《はんき》をひるがえされる可能性もある。

戦国時代を通して、国力で見ればもっとも中華統一に近かったのは楚だが、楚はとりわけ氏族制が強く、王族は1000人を超えていたとされる。統一ともなれば、国を挙げた大事業にならざるをえないが、自分の領土を持った、独立性の高い1000人もの王族を説得しまとめ上げることは難しい。

王族たちからすれば、もし統一に失敗して国力が弱まったところを逆に攻められ、万が一にも国が弱体化するようなことでもあれば、自分たちの地位は失われるからである。

楚だけでなく、このあたりの発想はどの国も同じだ。

つまり、秦を除くいずれの国においても氏族制が解体されるまで、統一を現実の目標として考えることは難しかったのである。

ローカル権力者の力が弱まり、それに伴って各地を支配している王族・公族も弱体化すれば――つまり既得権者の抵抗が弱まれば――彼らの反対を押し切って、大規模な統一戦争を仕掛ける君主が出てくるかもしれない。しかしそれは、自分が生きている間ではなく数百年先。今は、国の総力を結集させずとも侵略できそうな地域を見つけてその城を奪い、領土を拡大していけば良い。どの国もそう考えていたはずだ。

このような状況の中で、秦だけが「ポスト氏族制秩序」の構築に成功する。だが、そもそも秦は西の辺境国家として出発した。なぜ中央から遠く離れた「田舎者たち」が、最先端の社会体制を作りだすことができたのか。

実は秦一国のみが、氏族制解体のための「条件」を満たしていたのである。第2、第3章で説明しよう。

コラム

戦国七雄の切り札・異民族

前771年、都に侵入した西方の異民族・犬戎《けんじゆう》が周王を殺害し、周は滅んだ。この例でわかるように、異民族は古代中国人にとって大きな脅威だった。

そんな異民族のうち、『キングダム』読者にもっとも馴染みがあるのは「山の民」だろう。だが彼らは「脅威」ではなく、秦がピンチに陥ったとき加勢に駆けつけてくれる頼もしい存在だ。しかも、リーダーの楊端和はモデル級の9等身美女。果たして山の民は実在した民族なのだろうか？　そして楊端和は？

（41巻）

まず楊端和からいえば、史書に名が残されている実在の将軍である。が、女性であったかどうかはわからない。詳細な戦歴が記されていないので、作者の想像をまじえて描くことができたのだろう。羌瘣《きょうかい》も史書に名の残る秦の武将だが、同様である。

山の民も実在の民族をモデルにしており、チベット族と思われる。チベット族には楊という苗字が多いのだ。史書によると、前６５９年に即位した秦の穆公《ぼくこう》は西方の異民族を攻め領土を拡《ひろ》げたが、『キングダム』では彼らと同盟を結んだことになっている。

彼らが奇妙な仮面を被《かぶ》っているのは、ビジュアル面を誇張したわけではなく史実である。仮面の用途は兜《かぶと》と同じ。バジオウやタジフの仮面は飾りではなく、フルフェイス兜なのだ。当時の主要武器は弓矢だったので、頭だけでなく顔も矢から守らなければならない。そのため山の民ばかりか、秦の将軍たちも仮面風の兜を着用していた。麃公《ひょうこう》が出撃のとき装着していたフルフェイス型のヘルメットや、王翦《おうせん》の鼻の部分を覆っている鉄のガードを今一度、『キングダム』で確認してほしい。

ちなみに、防御以外の目的でリーダーが仮面を被ることがあった。その理由はなんと「イケメン」過ぎるから。冗談ではない。リーダーの顔があまりにも整い過ぎていたり、優し過ぎると戦に臨む実感がわかず、軍の士気が下がってしまうからだ。たとえば6世紀の南北朝時代に生きた蘭陵王《らんりょうおう》は世にも美しい顔立ちだったので、戦の折は必ず仮面を被っていたと伝わる。戦時におけるリーダーは、性格も顔も猛々《たけだけ》しいほうがいいようだ。

楊端和と羌瘣に話を戻そう。彼らの強さの秘《ひ》訣《けつ》はスタミナにある。楊姓と羌姓の一族は4000m級の山に暮らしている。生まれたときから高地トレーニングをしているようなもので、酸素供給力が格段に上がり、体力がついたのである。

戦国時代は、「中国」の中だけで争っていたのではなく、東西南北から容赦なく攻め込んでくる異民族たちとの戦いの時代でもある。史実でも、李牧は匈奴《きょうど》から趙を守る戦いで功績を挙げてきた。降伏させた異民族は自国の兵に組み込むのが通例で、李牧は匈奴出身の将や兵士を擁していたはずだ。漫画では、舜水樹《しゅんすいじゅ》がそのような存在として示唆されている。

『キングダム』で、山の民が秦に味方したり、楚が南方の部族に象を操らせたり、あるいは燕の劇辛《げきしん》が犬戎出身者で構成される騎馬隊を従えていたように、戦国時代の国はこぞって異民族を自軍に組み入れようとした。強力な異民族部隊をジョーカーとして使える国が強国となっていったと言ってよい。その意味で、異民族と国境を接していない魏や韓はひじょうに不利な戦いを強いられたといえる。

戦国時代の人々は、異民族を総称して「夷《い》狄《てき》」と呼んでいた。夷狄は東夷、西戎《せいじゅう》、南蛮、北狄《ほくてき》と4分類されている。これらは異民族を野蛮人と見なして中国側が勝手につけた蔑称だが、彼らの武力を中国人が脅威としていたことの裏返しでもある。

第2章　法家と秦の大改革

秦が「異常な国」になった理由

第1章では、『キングダム』の舞台が整えられた春秋戦国時代を振り返り、「氏族制」が社会を覆っていたことを見てきた。氏族制社会は春秋末期から徐々に緩み始めていたが、秦以外の国で氏族制に代わる次のシステムが成立することはなかった。

唯一、秦だけが、ある時期から氏族制社会を徹底して破壊し、新たな秩序を構築することに成功する。それが中華統一の最大の要因となった。

では、なぜ秦は氏族制社会を壊すことができたのか。そして新たに築いた秩序とはどのようなものだったのか。

建国当時の秦は、西の外れに位置する、文化的にも劣った「田舎の小国」に過ぎなかった。独自の社会を作ろうという意志など、どこにも存在しない。

だが、この田舎の小国は始皇帝が生まれる100年ほど前に一大政治改革を行ない、強国に躍り出た。その理論的バックボーンになったのが「法家」の思想である。法家の苛烈な思想に基づいた国作りで、秦は中国大陸にそれまで存在したことのない「異常な体制の国」に変貌したのだった。

そうした大転換の背景には、秦のみが持っていた「偶然」と、強固な意志を宿した「変革者」の存在がある。

第2章では、まず秦の歴史を振り返ろう。そのうえで、法家の思想がいかに秦を変質させたのかを解説しよう。

三 秦の歴史①起源から変法《へんぽう》へ

辺境の蛮国

のちに始皇帝となる秦王・嬴政《えいせい》の血筋を遡っていくと、周王に仕えた非子《ひし》という人物にたどり着く。前900年頃（嬴政による中華統一の700年ほど前）、西方出身の非子は多くの良馬を生産して王室に納め、周王から嬴という姓と領地を賜った。これが今に伝わる秦国の起源である。

まだ国とも言えない秦が歴史に名を刻むきっかけとなったのは、非子が生きた時代から100年ほど後に起きた大事件であった。

第1章で述べたように、周王朝は西方の異民族・犬戎《けんじゅう》に侵略され、王を殺害されて、前770年に滅びた。このとき、次代の王を護衛し、洛邑《らくゆう》に東周を建てるまで無事に守りきったのが、当時の秦の君主（襄公《じょうこう》）だったのである。その功績によって秦は陝西《せんせい》省《しょう》の岐《き》に領土を拡げ、「諸侯」のひとりとして認められたのだ。

のちに漢の首都となる長安（現在の西安《せいあん》）を含んだ陝西省は、周王朝の発祥地であり黄河文明を生んだ場所でもある。そんな恵まれた地に封建された秦の君主は、先に名を馳《は》せていた諸侯たちの末席に名を連ねた。しかし、もともと西の果ての出身である嬴の一族は、諸侯になったばかりの春秋時代の初め頃には、ほかの諸侯からは「文明度の低い蛮族」、秦という国家も「辺境の蛮国」と見なされていた。

そんな秦の飛躍には、3人の重要人物が関わっている。覇者にまで上り詰めた9代目君主「穆公《ぼくこう》」、25代目君主・孝公《こうこう》の時代の「商鞅《しょうおう》」、そして始皇帝の曽祖父の28代目君主「昭王《しょうおう》（昭《しょう》襄王《じょうおう》）」である。

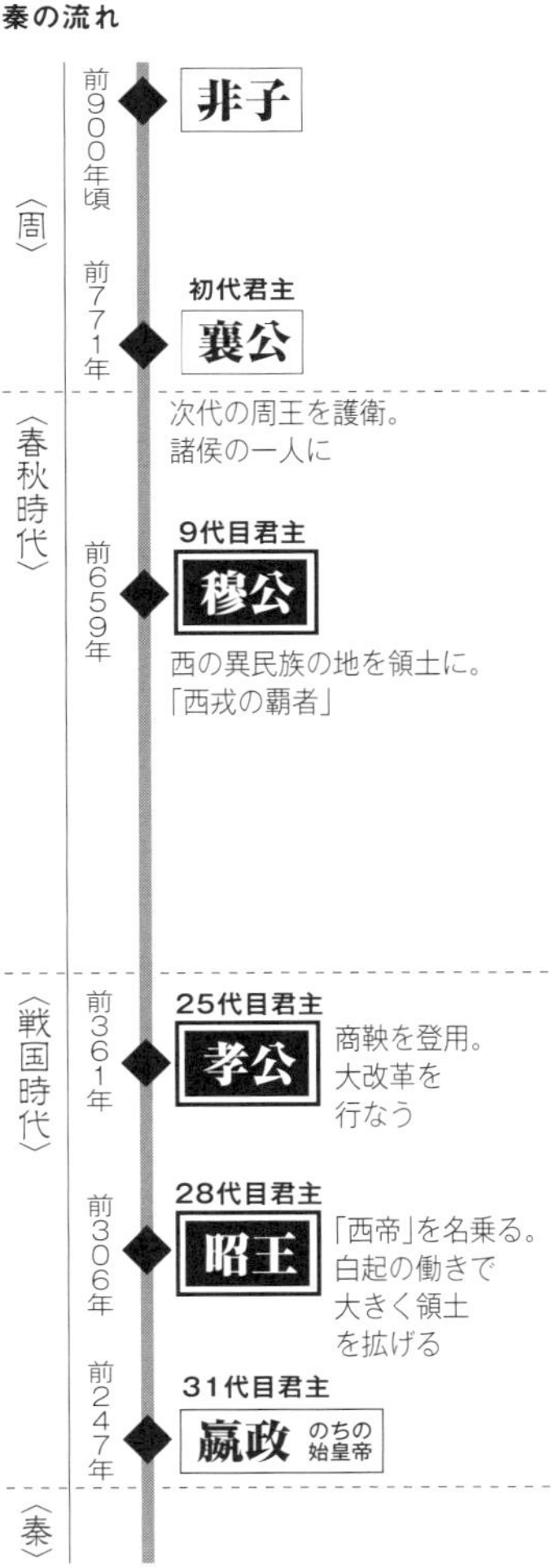

穆公と「山の民」

東周の王から陝西省の恵まれた地を与えられたといっても、秦はいまだ小国に過ぎなかった。それが大きく領土を拡げ、諸侯に強く秦国の躍進を印象付けることになったの

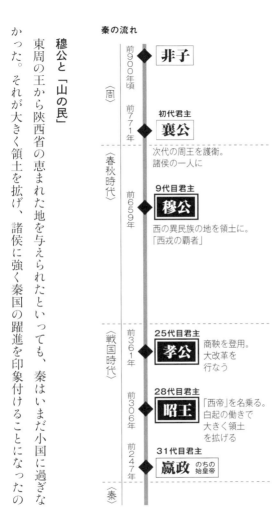

は、統一の450年ほど前にあたる穆公の時代である。前659年に秦の9代目の君主になった穆公は、参謀である百里奚《ひゃくりけい》の案を受け入れ、秦の西に拡がる異民族の地に攻め入った。

この百里奚という人物は、晋の公族の娘が穆公に嫁いだ折り、その下僕として秦にやってきた。もともとの出身国が晋に滅ぼされて捕虜となり、晋で奴隷として扱われていたが、その才能を見抜いた公族の娘が、自らの下僕として秦に連れてきたのである。

妻を通じて百里奚と出会った穆公は、秦がとるべき途《みち》を尋ねる。秦の宿願は、当時の文化的・商業的中心地である「中原」に進出し覇を唱えることだったが、百里奚の献策はそれとは真逆だった。

「現状の国力では、秦が中原に攻め入るのは不可能です。ただ、秦は中原から離れている分、中原の争いに巻き込まれなくてすむ。しかも、山がちの土地で天然の要塞に守られているため、他国からの侵略を受けにくい。今は中原のある東ではなく、西に拡がる異民族の土地に打って出て、領土を拡げるときです。それを果たせば、いずれ秦が天下を治めることになるでしょう」

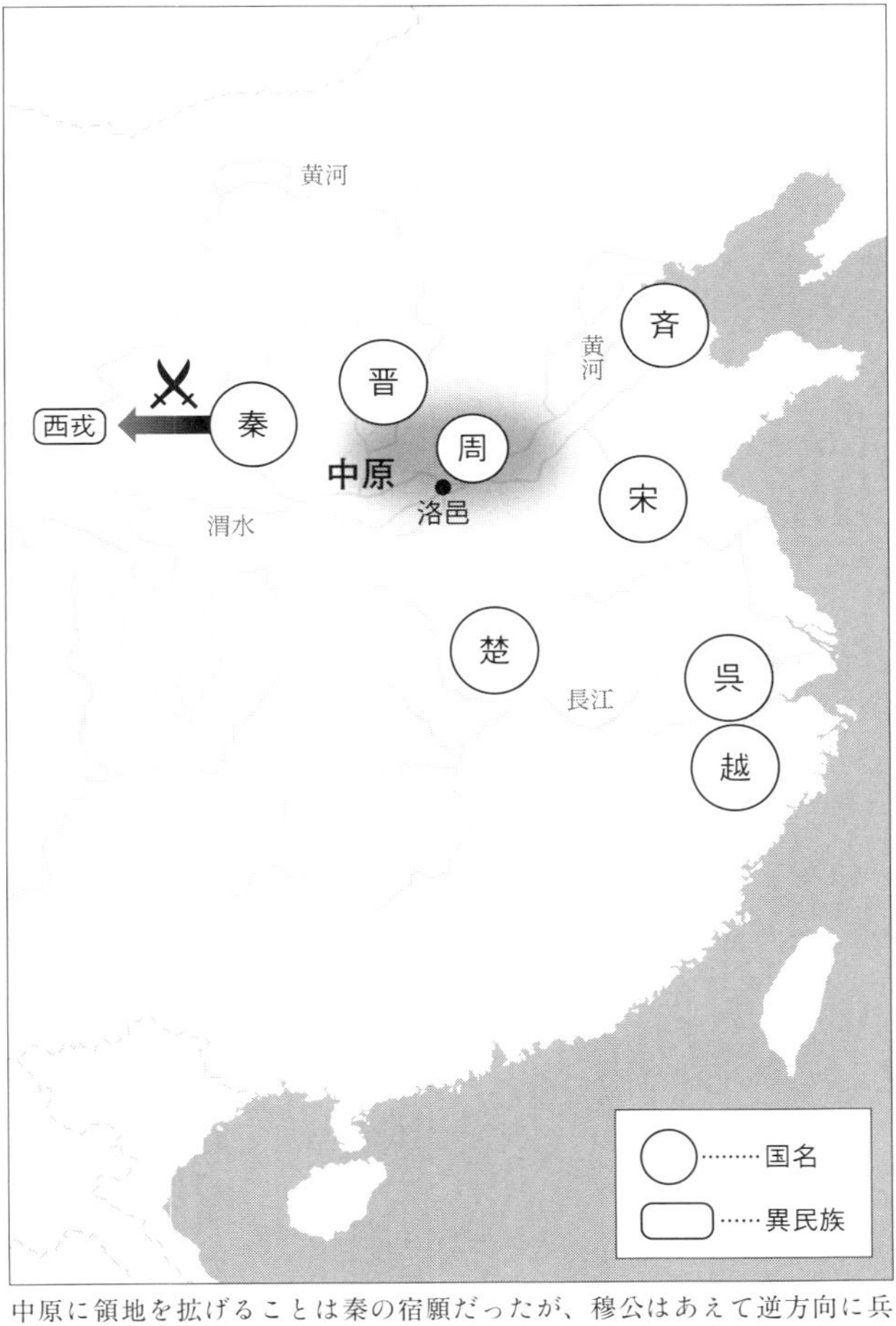

中原に領地を拡げることは秦の宿願だったが、穆公はあえて逆方向に兵を向けた。西戎の土地を支配下におさめ、領土を大幅に拡大。これにより秦は飛躍した

この言葉に打たれた穆公は百里奚を要職に抜擢《ばってき》し、領土を西方に大きく拡大した。穆公が登用したのは、下僕の身分で秦にやってきた百里奚だけではない。西戎《せいじゅう》を攻める際、本来敵であるはずの戎人を自陣に迎えている。これもその人物を「賢人」と見たからである。自らの眼力による人材登用で西戎の地を奪い取った穆公は、その功績で周王朝から金鼓を賜って覇者となり、以降「西戎の覇者」と称された。

春秋戦国時代には、孔子《こうし》や老子《ろうし》など「諸子百家」と呼ばれる思想家が多数出現した。富国強兵を目指す諸侯は、他国の出身者であっても、有能な思想家、戦略家たちを登用するようになった。なかでも積極的に他国の人材を重要ポストに就けたのは秦である。多くの国は秦ほど大胆な登用はできなかった。氏族制に基づいた序列が乱れることを嫌う気持ちが働いたからだろう。氏族制社会の外側から百里奚を抜擢した穆公の行動は、のちに秦が諸子百家を受け入れる先例となった。

西戎の覇者となった穆公は、晋の内乱に乗じて東方にも軍を進め、領土を拡げた。穆公の人望は厚く、前621年に没すると、177人の殉死者が出たと伝えられる。だが、良き後継者になる者はいなかった。

『キングダム』では、穆公は西方の異民族と同盟したと紹介されている。史実でも、これにより結成された異民族部隊が、秦の大きな戦力となったとみられる（2巻）

その後300年間、秦は穆公に匹敵する優れた後継者を待つことになる。待望の後継者は、前361年に秦の25代目の君主となった孝公である。孝公は、穆公をも凌ぐ人材登用と壮絶な政治改革で、秦を「中華統一が可能な国」へと変貌させた。孝公が高く評価して秦に迎え入れたのは、法家の商鞅という人物である。のちの世から見れば、秦のもっとも大きな転換点はこのときだったといえるだろう。

四 商鞅の変法

孝公と商鞅

春秋時代から戦国時代に変わって40年ほどのちに、孝公は秦の君主となった。嬴政が中華統一を果たす140年ほど前にあたる。

当時は七国のひとつである魏が覇権を握っており、秦は大きく領土を奪われていた。

孝公は勢力の挽回《ばんかい》を図るため、即位と同時に広く人材を求めた。このとき抜擢されたのが商鞅である。商鞅は「法家」の思想を全面に取り入れた一大政治改革を孝公に申し出た。

戦国時代の初期、東周の凋落《ちょうらく》を見た各国は富国強兵を目指し、政治体制や軍制の改革を模索していた。こうした改革を変法といい、その内容は国ごとに異なっていたが、商鞅が立案した変法ほど極端なものはほかにはない。商鞅の変法は、秦を中国大陸史上存在したことのない国に変貌させてしまう、苛烈な改革案だった。そうした動きに対して国中から猛烈な反発が出たが、孝公は反対の声を完全に押さえ込んで、商鞅の思う変革を実現させる。

のちに六国を平定したときも、秦は商鞅の法家思想にのっとった制度で国を治めていた。孝公と商鞅は、およそ140年後に嬴政が達成する中華統一に向けて、その最初のレールを敷《し》いたのである。

法家とはなにか

法家の「法」は、現代でいう法律とは異なる。歴史の教科書などでは、法家の特徴は「信賞必罰」の徹底にある、と書かれていることが多いようだ。厳格なルールを設け、それに違反した者には罰を下し、功績のある者には褒美を与える。ムチで国民を縛り、アメを与えて忠誠心を君主に向けさせるという単純なものである。

しかしこれは、当時の氏族制社会を真っ向から否定するものでもあった。その点から見れば、法家導入の最大の意義は「平等性」にあったと言えよう。

第1章で説明したことを思い出してほしい。当時の中国には、それぞれの地域に氏族制をベースにした「マトリョーシカ型のピラミッド構造」があった。国を支配する君主といえど、国の末端のことはわからない。大小のローカル権力者が各地で重層的に存在し、一般庶民を支配していた。そのため、国が庶民の動員を必要とするなら、ローカル権力者の協力が必要だ。ある地域で罪を犯す者が出れば、基本的にはその地域のローカル権力者が罰を下すことになる。

法家の「平等性」とは、このようなピラミッドをすべて潰すことを意味する。ローカル権力者を認めず、秦全土でまったく同じ法を布き、公族、王族、貴族でも、土地の有力者でも、一般庶民でも、ルールの違反者には身分を問わずに一律の罰を下す。唯一の例外は君主本人ただひとり。「法の下の平等、ただし君主は別格」ということだ。

秦という国の中にあったいくつものピラミッドを、すべてローラーで押しつぶす様子を想像してほしい。平《たい》らに均《なら》された後に残るのは、君主というただひとつの山だけだ。更地になったピラミッドの権力は、すべて君主の山が吸収する。

こう言うと、身分制を壊し平等を重んじるのだから庶民からは歓迎されるはずだ、と思うかもしれないが、決してそのようなものではない。果たして、改革の中身を知った後も、あなたはこの国に住みたいと思うだろうか。

個人の分断

具体的に変法の中身を見ていこう。その目的は、「氏族からの個人の〝解放〟」と、それを通じた「君主権の拡大」である。

前者でまず挙げるべきは「分異の令」だ。ひとつの家にふたり以上の男子がいる場合は、次男以下を家から追い出し、分家させなければならない。この時代、親戚同士の家族が同じ家に一緒に住み、集落では複数の一族が集まって共同生活をして、集落ごとにそれぞれ独自の秩序を形成していた。これを壊し、祖父・祖母・父・母・長男の5人を1ユニットにする単婚家族を強制的に作らせたのである。

『キングダム』1巻の冒頭、戦災孤児の信と漂《ひょう》が下僕として預けられていた家族が出てくる。里典《りてん》（集落の長）の家父、妻、そして息子。描かれていないが、祖父母がいるのかもしれない。このような単婚家族が商鞅の変法下での基本単位である。もし、あの家族に次男が誕生し、結婚したら、分家して別の家族を作らなければならない。この分異の令を破ると2倍の税を課された。

分家をするときは国が指定する土地に行かなくてはならない。それまでの馴染みの場所からはるか遠く離れたところで生活していくことになる。家族や宗族といった、氏族制のネットワークから個人を分断することが、分異の令の目的なのだ。分かれた後は、もとの家族との関わりは極力少なくなるよう設計されている。

「分異の令」で分家した者が向かう場所は、こういった敵国と接した新しい領土であることも珍しくなかった。彼らは敵の侵略に怯えながら、「什伍の制」で同じ組になった者を監視し合った（23巻）

しかも斡旋先は、敵国から奪ったばかりの土地であることも珍しくなかった。『キングダム』23巻で、秦は魏の将軍・廉頗《れんぱ》を破り、奪い取った山陽の地を東郡と改名し、住民を移住させたことが描かれている。この描写は正しい。新住民は文字通り開拓民で、ここは秦王の直轄地となり、税も秦王のもとに入る。

さらに、昔から住んでいる土地でも移住先でも、地域共同体は「什伍《じゅうご》の制」で再編成された。これは、なんの縁もゆかりもない5家族を集め、1組として編成するものだ。構成員である5家族は、不正をする者はいないか、国家反逆を企てる者はいないか、組の中で相互に監視し合う。組内で悪事があれば、実の親であろうと告発しなければならない。

告発されなかった悪事が発覚すると、5家族全員が処罰される。事前に知っていたのに報告しなかった者は、身体を胴で真っ二つにする「腰斬」に処された。その代わり、不正や反乱を告発した者には、戦場で敵の首をとった者と同等の褒美が与えられたという。

それぞれの宗族が祖先神として祀っていた、各地の「社稷《しゃしょく》」や「宗廟《そうびょう》」もことごとく破壊の対象になった。破壊された社《やしろ》の上には布が被され、天の加護を遮った。宗教的な地域の結びつきも完全に否定したのだ。

ここまでを簡単にまとめよう。秦に住む庶民なら、「分異の令」と「什伍の制」によって次のようなことが起こる。

あなたは先祖代々、永らく住んでいた土地から追い出される。昔から、苦しいときも共に助け合って生きてきた親戚や、仲の良かった知人と会うこともできなくなってしまった。移住先の新しい土地では、見知らぬ一家の隣に住まわされ、ご近所同士で相互監視を命ぜられる。問題を起こす人がいたら自分たちの家族も処罰されるので、それを避けるには、近所の人に怪しいところがないか監視し続けなければならない。ほかの家も、自分たちに厳しい目線を向けている。しかし、もし大問題の芽を誰よりも早く見つけ、告発できれば大きな褒美が手に入る――。

なぜここまで徹底して、商鞅は国民をバラバラに分断しようとしたのか。

氏族制社会では、個人は「目上の者」に従わなければならない。目上の者とは、自分の親であり、本家の家長であり、さらにその上にいるローカル権力者のことだ。そして、君主とローカル権力者が対立したら、自分に身近な方、つまりローカル権力者の側につくのが正しいとされる。このような中で、君主のために命をかけて戦う軍隊など生まれるはずがない。

そこで商鞅は、氏族制を崩し、それぞれが身近な目上の者に向けていた忠誠心をダイレクトに君主へ向けるような仕組みを作りだしたのである。ローカル支配者の権威を否定し権力を解体、そのパワーをすべて君主が吸い上げるのがこの恐怖政治の目的なのだ。

ローカル権力者をはじめとするさまざまな反発はなかったか？　大いにあった。従わない者もいたが、商鞅は彼らを潰す方法を取っていく。それは後に述べよう。

君主権の拡大

『キングダム』は、戦災孤児でなんの後ろ盾もない信が大将軍を目指す姿を追う物語だ。この立身出世を可能にするのが、「軍功爵制」である。

ひとことで言えば、戦で手柄を立てれば、手柄に見合った出世ができるという仕組みだ。こうした制度はどの国でも取り入れてはいたが、秦の場合は徹底しており、生まれ

商鞅の変法

分異の令	次男以降は成人したら分家する
什伍の制	５つの家族を１組として編成し、相互監視。不正や反乱を見過ごせば連帯責任
軍功爵制	戦場で手柄を挙げれば出世、挙げられなければ没落。公族にも厳格に適用した。
県　制	一代限りの官僚を各地に派遣。地方は基本的に王が直接支配、税も王の懐に入る

が下僕であっても、大将軍への道を用意している点が他国とは異なる。六国では、野盗出身の桓騎《かんき》のような将軍はありえない。

実際、信のモデルとなった李信《りしん》は、戦国時代に多くの軍功を挙げて将軍の位にたどり着き、秦の統一に貢献した。歴史上の李信が『キングダム』の信のように孤児だったかどうかは不明だが、秦では庶民階級から将軍に上り詰めることも決して絵空事ではなかった。

軍功を挙げた者には、地位だけでなく家や土地も与えられる。『キン

戦場での伍

「伍」という単位は徴税・相互監視のためだけでなく、軍隊でも採用された。基本的には、「什伍の制」の5家族がそのまま戦場での伍となり、共に戦うのだ。普段はお互い厳しい目で監視し合っている者同士が、戦場では信頼し、かばい合わなければ生き残れないのだから、兵士の気苦労は並大抵ではなかったはずだ。戦場の伍でも連帯責任は有効で、命令違反や失態を犯す者が出た場合、同じ伍のメンバーはともに処罰されている。

『キングダム』で、信が軍に入ったときに伍のメンバーを自由に選び合うシーンがある。すべての家が兵士を出すとは限らないので、什伍の家族で5人が揃《そろ》わないときは追加メンバーを選ぶこともあったはずだ。ただし現実では、『キングダム』で描かれるほど自由ではなかったと思われる。

(5巻)

グダム』での信は、五か国連合と戦った「合従軍」戦の武功で、すでに土地を受け取っている。漫画では描かれていないが、このあとも軍功を挙げ続けていけば、やがて王騎《おうき》のように自らの都市を治めることができるようになるはずだ。

秦の役人は年間の成績が記録され、その成績順に位を上げていくが、軍功がある者は一気に地位を上げる。とりわけ敵の首をとることで一足飛びに高い地位を得られるので、命がけで戦う。秦の兵士の強さはここに大きな理由があった。

一方で、商鞅は公族にもこの軍功爵制を適用した。

変法の前までは、君主と血縁のある家系（公族）であれば、戦場で特別な功績がなかったとしても高位に就くことができた。秦に限らず、これが周以来の春秋戦国時代のスタンダードだ。

ところが軍功爵制の発令後は、たとえ君主と血がつながっている者であっても、軍功を挙げなければ公族の地位を剥奪されるようになった。君主の側近、寵臣《ちょうしん》たちも、当然ながら例外ではない。徹底した軍功爵制の適用によって、支配層の氏族的特権も容赦なく剝ぎとられていった。

ここで思い出されるのは成蟜《せいきょう》のエピソードだ。『キングダム』で、秦王・嬴政の弟の成蟜は、屯留《とんりゅう》という地方の有力者の娘を嫁にしている。その屯留で反乱が起きたという報《しら》せを受け、成蟜は急ぎ自ら出陣し、鎮圧するという場面があった。

軍功爵制のもとでは王弟といえど、必要とあらば戦に出て功績を挙げなければならない。そのためには、常備軍を維持する必要があるが、常日頃から兵を訓練し将を養うには、彼らに毎年、俸給を出さなければならない。それには、領土を持ち、毎年、税を得る必要があるし、自分を支えてくれる有力者は貴重な存在だ。

屯留という自分の後ろ盾となる地域で反乱が起きたからこそ、成蟜は自ら鎮圧に向かったのだ。

分異の令で、個人を親族や宗族から切り離して氏族制を解体し、単婚家族を什伍の制で相互監視させて課税と徴兵の単位とし、軍功爵制で公族や支配層の氏族制まで壊した商鞅の変法。結果、ローカル権力者は解体され、既得権を持っていても功績を挙げられなかった公族や家臣は没落していった。

一方、新たに爵位を得て君主に忠誠を誓う、信のような成り上がりの武将が出現した。

秦は、王の弟というだけで優遇される社会ではなかったので、自分の後ろ盾となる有力者は貴重である。だから、成蟜は屯留の反乱を自ら鎮圧に向かったのだ（34巻）

国内の有力者の権力を剝ぎ取り、君主の実権を増やしていったのだ。

官僚を派遣する県制

商鞅は地方政治でも君主権拡大を図っている。「県制」の施行である。彼は官僚制度を整え、地方に県という新たな行政単位を設置していく。ここに君主の代行として、一代限りの官僚を派遣した。

ちなみに県は本来「懸」で、これは距離や程度がかけ離れている、という意味を持つ。つまり都から遠い地域に、君主の代理を派遣するのが県制だ。派遣された官僚は君主の命令を実行する権限しか与えられていないため、自分の意思で多くを決められない。つまり県は君主の直轄地になるのだ。君主が直接治める場所が拡大し、君主のもとに入る税が増える。

ここでのポイントは、派遣される官僚が世襲を許されない「一代限り」であることだ。世襲を許せば、君主の目の届かない地方で、官僚が代々根を張ってローカル権力者と手を組む一族が出現する可能性がある。場合によっては、君主に歯向かうことにもつながりかねない。そこで、官僚の権限を制限し、世襲を許さず、任地替えも頻繁に行なった。つまり、これもローカル権力者の力を削ぐための政策なのだ。

異邦人・商鞅

ここまで見てきた分異の令や什伍の制、軍功爵制などの変法を、商鞅は二度に分けて行なった。たったひとりで多岐にわたる厳格な法案を練りあげ、実行に移し、十余年で秦の富国強兵化を実現した商鞅とはいったいどんな人物だったのだろうか。

衛《えい》の公族出身である商鞅は、若いときに政治学を修めたが、自国ではその知識を活《い》かす機会に恵まれなかった。やがて国を出た商鞅は魏に赴き、その地の宰相に仕えた。宰相とは君主を補佐する首相格で、いわば国のナンバー2である。他国でいきなり宰相に仕えたという事実だけで、商鞅の評価がわかる。

しかし、商鞅が十分その実力を発揮できないうちに、その宰相は臨終のときを迎え、当時の君主にこう遺言を残す。

「自分の後継者に商鞅を推薦します。もし登用しないのであれば殺害するように」

だが、魏の君主は宰相の遺言を聞き入れず、商鞅を次期宰相に登用することもしなければ、殺しもしなかった。かくして商鞅は秦へと向かう。秦では広く賢人を求めている、との情報を耳にしたからだ。その賢人を求めていた秦の君主が孝公である。

孝公は商鞅が熱心に説いた「覇道」に強い関心を抱き、登用した。覇道とは、武力による政治を行なう道である。商鞅が任命された左庶長《さしょちょう》はさして高い位ではないが、それでも孝公は商鞅が立案した法律を徹底的に断行した。繰り返すが、この改革こそが統一帝国・秦の礎となったのである。

母国の衛と魏で活かされなかった商鞅の才能は、秦で花開く。しかし、変法がただちに普及したわけではない。そこで商鞅は大胆な策を打つ。市場の南門に3丈（約7m）の木を立て、「この木を北門に移した者に10金を与える」との札を添えた。10金といえば、当時の庶民の全財産に匹敵する金額である。そのため初めのうちは誰も信じず、試す者も現れない。商鞅は札を書き換え、報奨金を50金に釣り上げた。すると実行する者が出現し、とうとう成功者が出た。

商鞅はただちにその者に50金を与え、法外に見える規則でも国は決してゆるがせにしないことを国中に周知させた。商鞅が行なったのは、今で言うパブリシティというわけだ。

しかし、変法の実施は思うように運ばず、施行から1年も経《た》つと、不平不満の声が国中にあふれた。そんな折、秦の太子（次期君主）が法を犯したことを知った商鞅は、これをうまく利用する。

「この国で法が行なわれないのは、上の者が法を守らないためである」

こう宣言し、太子を処罰しようとした。だが、さすがの商鞅でも次の君主を処刑することはできない。そこで商鞅が行なったのは、太子の守役と師の処罰である。『史記』によれば、守役は処刑、師は体に入れ墨を彫られる黥刑《げいけい》に処せられた。身分を問わない信賞必罰の厳守を目の当たりにした秦の国民は、これ以降、法に服するようになる。

独自の変法で秦を改革した商鞅は、戦でもその才能を見せつけた。彼が将となって攻め込んだのは、かつて自分を見捨てた隣国・魏である。商鞅は魏将の公子をだまし討ちにして生け捕り、魏軍を撃破した。宰相の遺言を聞き流し、商鞅を雇いも殺しもしなかった魏王は、自らの過ちを大いに悔やんだと伝えられる。

魏を破った功績により、商鞅は軍功として商と於《お》の地を与えられた。公孫鞅《こうそんおう》という本名ではなく商鞅の名で歴史に残ったのは、領地として賜ったこの商を治めたことによる。このときには、宰相まで上り詰めていた。自ら編み出した変法で功績を挙げ、縁もゆかりもなかった秦でナンバー2の座を得たのだ。だが、こうして時代の風に乗り、栄達の道をひた走った商鞅は、悲惨な末路をたどる。

前338年、孝公が死去すると間もなく、商鞅は「反乱の意志あり」と訴えられた。まったくの事実無根であったが、商鞅の変法で地位が危うくなった公族は誰も商鞅をかばおうとしない。ましてや孝公の後を継いで秦の頂点に君臨していたのは、太子時代に犯した罪で商鞅に守役と師を処分された恨みを持つ恵文王《けいぶんおう》であった。

もはや申し開きは不可能、と悟った商鞅は国外逃亡を図る。しかし、国境の関所付近で宿をとろうとして拒絶された。秦には手形を持たない者を決して泊めてはならない、という法がある。自分が制定した法によって行く手を阻まれたのだ。商鞅は、まさか自分も手形が必要になるなど考えてもいなかったに違いない。

この窮地をなんとか逃れ、魏への入国を果たしたが、一度だまし討ちを食らった魏が商鞅を歓迎するはずもなく、秦へと送還されてしまう。いよいよ追い詰められた商鞅は、自らの領地で兵を集めて秦軍に立ち向かったが、所詮勝ち目はない。

敗死した商鞅の死体は車裂《くるまざ》きにされた。車裂きとは4方向に向けた4台の馬車に手足をつなぎ、馬車を走らせて身体《からだ》をばらばらに引き裂く刑罰である。商鞅の身体も無残にちぎれ、一族も皆殺しとなった。

商鞅は、自らが定めた法により自身と一族に災いが降りかかるという皮肉きわまりない最期を迎えた。しかし、見せしめにされた商鞅の死体は、秦の国民に「法を守らなければ誰でもああなる」ことを強烈に知らしめた。その意味で、商鞅は見事に変法の立案者たる使命をまっとうした、とも言える。

一方の恵文王も、自分の大切な守役と師を処罰した商鞅を恨みながら、決して法を捨てることはしなかった。それどころかますます法を重んじ、法治路線を堅持した。氏族制を解体しきることが富国強兵への最善の策であることを、恵文王は理解していたのだろう。

こうして秦は法家思想に基づいた改革を受け入れ、急速に氏族制を解体していく。君主の権力は増大した。そうして蓄えた力を爆発させたのが、恵文王の2代後に王位に就いた、『キングダム』で「戦神」と讃《たた》えられる昭王の時代だ。『キングダム』ではその強さを王騎や白起《はくき》、摎《きょう》といった「六大将軍」に象徴させているが、その前提として商鞅の変法により君主権力が強化されていたのである。第3章では、昭王の凄まじい時代と、嬴政の六国平定、そして統一後の政策について解説しよう。

戦国時代の「グローバル経済」

春秋戦国時代は貨幣経済が急速に発達した時期でもあった。春秋時代の初めにはまだ物々交換も行なわれていたが、一方で、金貨や銅貨などの貨幣も続々と鋳造された。各国で鋳造される貨幣は材質も形も価値も異なっていたことから、それぞれの地域が独自の経済圏を成立させていたことがわかる。

斉・趙・燕では刀の形に似せた刀銭、晋から独立したことで「三晋」と呼ばれていた趙・魏・韓では鉄製農具を模した布銭《ふせん》、楚では子安貝型から変化した蟻《あり》の頭を連想させる蟻鼻銭《ぎびせん》、および金でできた鋳貨が流通していた。

春秋戦国時代の貨幣

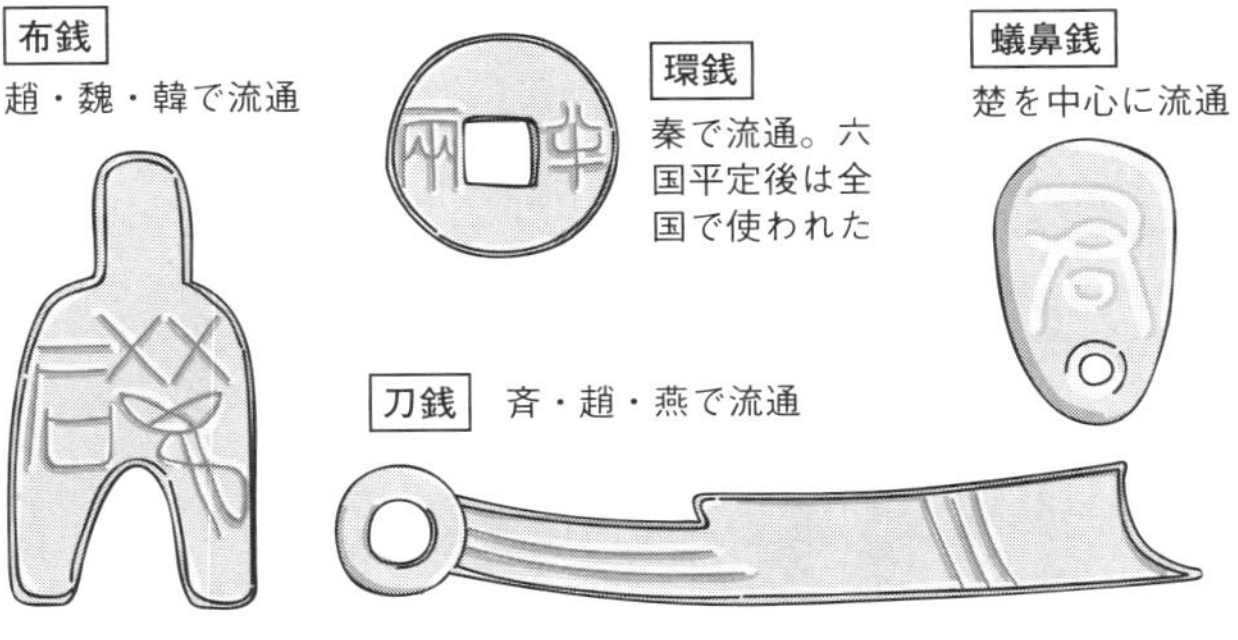
布銭
趙・魏・韓で流通
環銭
秦で流通。六国平定後は全国で使われた
蟻鼻銭
楚を中心に流通
刀銭
斉・趙・燕で流通

秦では始めのうち布銭が普及していたが、やがて真ん中に穴の空いた環銭《かんせん》が登場する。初期には布銭を使っていたことは、当時の秦が三晋の経済圏に属していたことを示している。

戦国時代に入ると、各国とも国内で生産する物品や他国からの流入品に課税し、財政の強化を図った。戦乱の世は技術革新を促し、経済活動を活発にしていく。斉の臨淄《りんし》、趙の邯鄲《かんたん》、楚の郢《えい》、秦の咸陽《かんよう》などが経済の中心地として栄えていった。

また、戦国時代には国を超えて投機や遠距離貿易を行なう大商人、現代でいえば「グローバル企業」も登場した。彼らの大規模投機によって穀物価格は乱高下を繰り返し、庶民が苦しめられる一方、市場を巧みに操る者が巨万の富を得ていく。実際、孔子の弟子のひとりが、学問の傍らで投機により富を蓄えている。一説によると、定職を持たず諸国を巡っていた時代の孔子を、その弟子が経済的に支えていたという。

生活の必需品である塩と、農耕の効率化に欠かせない鉄、そして武器などを扱う商人からも、長者が生まれる。なかには王の臣下から商人に鞍替《くらが》えし、成功を収めた者もいる。

そしてもうひとり。『キングダム』の読者なら、「大成功した商人」として、即座に呂不韋《りょふい》の名が頭に浮かぶことだろう。彼は趙の商人から秦の政治家、それも相国《しょうこく》というナンバー2の座にまで登りつめる。国境を超えた商いで蓄えた巨万の富があったからだ。

大商人たちは通貨の違いや国境の壁を、商業を妨げる障害と考えるようになっていく。グローバル企業が国家を経済活動の障壁と考えるのは、今も昔も変わらない。七国統一の気運は、経済的な側面からも高まりつつあったのである。

（39巻）

第3章　中華統一と空前の権力

過酷な改革の条件

春秋戦国時代の中国では、地域ごとにローカル権力者のピラミッドが重層的に存在し、国の末端のことは君主といえども把握できてはいなかった。親や宗族の家長、ローカル権力者といった「しがらみ」から個人を引きはがして分断し、君主が一人ひとりの人間を直接、支配しようというのが商鞅《しょうおう》の変法である。

当時は、鉄製農具による農業生産量の増大によって、氏族制社会が揺らいでいた。このような時代情勢と適合していたため、変法はすぐに効果を上げ始めた。秦の君主のもとに権力が集まり始める様子を見て、他の六国は秦がこれまでとは違った国になろうとしていることに気づく。さまざまな方法で邪魔をするが、秦は揺らがなかった。

六国の中には秦を真似しようとするものも出始めるが、法家改革を成功させた国はついに生まれなかった。実は、秦が大改革を断行できたことには理由がある。ほかの国は必要な「条件」を満たしていなかったので、失敗はあらかじめ決定されていたも同然だった。では、その条件とはなんだろうか。

第3章では、秦が中華を蹂躙《じゅうりん》していく時代を見たのちに、なぜ各国は法家を導入できなかったのかを考えてみたい。そのうえで、空前の権力を背景にした、始皇帝の前代未聞の中国大陸統治を見ていこう。

五 秦の歴史②「戦神」昭王《しょうおう》と始皇帝

周の秩序から離脱した恵文王《けいぶんおう》

『キングダム』の時代がいよいよ近づいてきた。法家による政治改革の立役者・商鞅を取り立てたのは孝公《こうこう》だった。その後を継いだのは弟の恵文王である。即位は前338年、嬴政《えいせい》による六国平定（前221年）の、およそ120年前のことだ。

商鞅を追い詰めていった経緯はすでに見たが、恵文王はその商鞅によってもたらされた「君主の意のままに動く軍隊」を使い、魏の領土を削り取った。事ここにいたって、他国は秦が短期間で急速に強国化したことに気づき、韓・趙・魏・燕・楚の五国は同盟を結ぶ。『キングダム』読者にはお馴染みの、合従軍を編成したのである。ちなみに合従の「従」は「縦」と同じ意味で、合従軍とは国々が南北で連合するという意味だ。合従軍は幾度も興っているが、秦は恵文王の時代と政の時代、2度襲われている。

前318年、合従軍を迎え撃った秦の中心人物は恵文王の弟であった。この史実から、当時はまだ軍功爵によって王族の権力がすべて失われたわけではなかったことがわかる。このときの秦と合従軍の戦いは秦の勝利に終わった。

秦はさらに領土を拡大していくが、見逃せないのがこの恵文王という秦の君主が「王」を名乗っていることである。穆公や孝公など、これまで秦の君主はもっとも高い爵位である「公」を名乗っていた。王といえば周（東周）王ただひとりであり、秦は周王をトップとする秩序の中にいたからだ。君主が王を名乗るということは、700年以上前から続く周を中心とした秩序から抜け出て、自らを周王と同格だと宣言したことを意味する。

恵文王は自らに権力が集まってくる中で、これまでの秦の君主とは次元の違う立場に自分が立とうとしていることを自覚したに違いない。

中華を蹂躙した昭王と白起《はくき》

「中華統一」の兆しが見え始めたのは恵文王の2代あと、昭王の時代だ。『キングダム』の王騎《おうき》が仕えた、あの昭王である。

昭王もまた王位を継承したが、数年後には自らを「西帝《せいてい》」と称し、東の大国である斉の王に「東帝」の号を贈った。この頃になると、多くの国の君主は「王」を名乗るようになっていた。もちろん法家改革によって君主権の拡大に成功したのは秦だけだったが、どの国も周の秩序圏から離脱を図っていた。昭王は「王」よりさらに上位の称号として「帝」を自らに冠し、斉王にも「帝」号を与えたのだ。

つまりこの時代、昭王は単に自国の頂点に立つだけにとどまらず、他国を凌いだ地点でトップの位置に立とうとしていたのである。すでに「中華統一」を頭に描き、その前段階として、東にある大国・斉と、天下を二分しようとしたのかもしれない。しかし、帝号を贈られた斉の湣王《びんおう》は当初「東帝」を名乗ったものの、統一は念頭になく、すぐに

若き日の王騎が仕えた昭王は「西帝」を名乗り、秦を中華統一に大きく近づけた（5巻）

これを廃してしまったため、昭王も西帝を名乗ることを取りやめた。

結局「二帝」時代は長く続かなかったが、昭王が王を凌ぐ「帝」を用いたことの意味は大きい。始皇帝となる嬴政が誕生するおよそ30年前に、秦は「戦国七雄」という枠組みから、一歩も二歩も抜きん出ていたのである。

秦の軍は昭王の時代、すでに他国から恐れられるほど強さを増していた。とりわけひとりの将軍が連勝に次ぐ連勝を重ね、畏怖の対象となっていた。その名を白起という。『キングダム』で触れられる白起の逸話は史書にはっきりと記されている。

白起と並ぶ秦の六大将軍として描かれている王騎は、実際に昭王時代から秦に仕えた王齮《おうき》をモデルにして描かれている。同じ時代、秦にはもうひとり王齕《おうこつ》という武将も存在していたが、王齕は王齮と同一人物という説もあって少々ややこしい。いずれにしても、『キングダム』の主要登場者は、その大半が実在した人物である。

史実の白起に話をうつすと、前２９３年から韓、魏の両国を攻め、わずか2年足らずで魏の61城を落とした。前２７３年には韓、魏、趙の将軍をそれぞれ捕らえ、前２６４年には韓の５城を攻め落とす。次いで前２６０年には秦に次ぐ兵力を誇っていた趙と戦

白起は「長平の戦い」の捕虜40万人を生き埋めにした。その恨みの大きさを、『キングダム』では万極という趙の将軍と部下たちに象徴させている（27巻）

い、大勝をおさめた。白起に完膚無きまでに打ちのめされた趙は、衰退へと向かう。戦国時代最大の規模と言われるこの戦いは、のちに「長平《ちょうへい》の戦い」として歴史に刻まれた。

白起は長平の戦いでまたしても名を挙げたが、戦後処理で自らの名を落とすことになる。40万人あまりの趙兵を捕虜にした白起は、その食料が賄えず、また反乱を警戒したため、少年兵を除く全員を生き埋めにしたのだ。

のちに白起は古代中国の名将を軍神として讃える「武廟《ぶびょう》」に祀られた。白起の前には周の太公望呂尚《りょしょう》、あとには三国時代の関羽《かんう》などが祀られているが、やがて白起の名は武廟から消えた。長平の戦いで40万人の降伏兵を虐殺した行為が武神にふさわしくない、と批判されたためだ。

長平の戦いに勝利したあと、白起はそのままの勢いで趙の都・邯鄲《かんたん》へと攻め込もうとしたが、秦の宰相に止められた。あまりの活躍を見せる白起に、自分の地位を脅かされることを恐れたのか、宰相の決断は「趙との和議」であった。宰相への不信感を抱いた白起は引退し、昭王に出仕を求められても断りつづけたという。

そうしているうち、昭王から白起のもとに1本の剣が届く。その意味するところは、「自刃せよ」、つまり死の宣告である。この時代、死刑に処せられるのは身分の低い者に限られ、階級の高い者は自裁（自ら命を絶つ）するのが慣わしだった。日本の武士の切腹と同じである。

死の直前、白起はなぜ王から死を賜るのか自問自答した。そのとき長平の戦いで捕虜を生き埋めにしたことを思い、「私は天に対して罪を犯したのだ」と嘆いた、と伝えられている。庶民たちは白起の死を憐《あわ》れみ、各地に白起を祀る廟が建てられたとも史書は記している。

実際、白起の死は秦にとって大きな痛手であった。まさに国の軍神にふさわしい活躍を続けた白起の死後、統一に近づきつつあった秦の動きが一時停滞したほどだ。秦が再び活気づくには、呂不韋《りょふい》の登場を待たなければならない。そこからがいよいよ、『キングダム』時代の幕開けである。

キングメーカー・呂不韋の野望

戦国七雄のなかで、秦はもっとも積極的に異国の才人を登用していたことは前にも述べた。しかも秦では、その異国人たちが国の運命を左右するような活躍を見せた。孝公が登用した衛の商鞅が氏族制を解体した立役者なら、子楚を王位に就け、結果、政を中華統一へと向かわせたのは趙の呂不韋であった。

『キングダム』では、政の後ろ盾でありながら自らが王位に就こうと画策している、スケールの大きな政敵として描かれているが、実際はどんな人物だったのか。

もともと趙の商人だった呂不韋は、塩や武器を扱うことで巨額の富を蓄え、それを利用して一世一代の投資を行なった。呂不韋が投資の対象としたのは、当時趙で人質とな

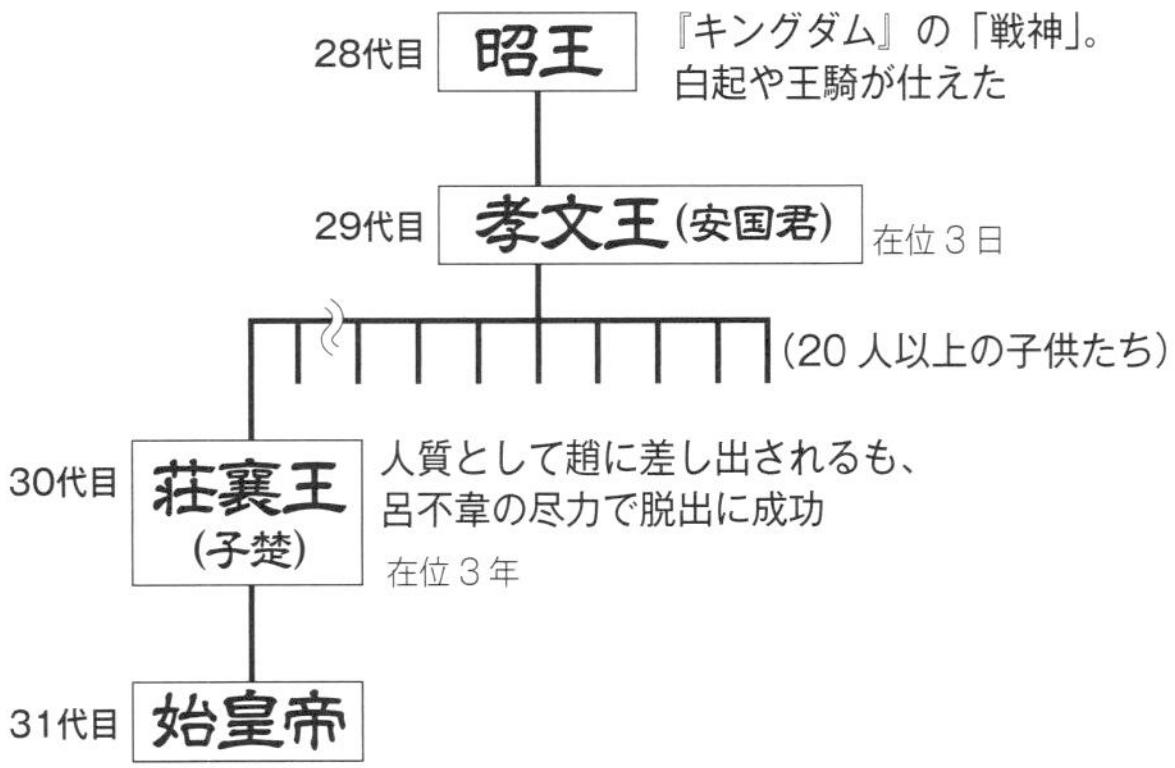

っていた秦の公子・子楚《しそ》だ。子楚は昭王の孫に当たる。昭王の子、つまり子楚の父・安国君《あんこくくん》は秦の太子だったが、白起を止めるために趙と和平協定を結ぶ際、自分の子供である子楚を人質として差し出した。安国君には複数の夫人と20人以上の子供がいたが、子楚の母はすでに安国君の寵愛を失っていた。人質にされた時点で、子楚が王位を継承する可能性はほぼゼロに等しかったのである。

しかし、大商人・呂不韋は、子楚の価値を高く見積もった。このときの呂不韋の言葉、「奇《き》貨《か》居《お》くべし」は、今も使われる。奇貨とは珍しく貴重なものを指す言葉で、平たく言えば「得難い品物は後日必ず利益を生むので、すぐ手に入れておいて、じっと価値が出るときを待つべき」という意味だ。

呂不韋は冷遇されていた子楚に500金を渡して名士たちと交流させ、趙における子楚の名声を高めていった。一方、秦の安国君にもっとも寵愛されていた華陽《かよう》夫人にも近づき、宝玉を献上してこうささやいた。

「趙で人質となっている子楚様は、お子のいない華陽夫人を実母のように慕っております」

華陽夫人はいずれ容色が衰え、安国君の寵愛が冷めることを恐れていた。また安国君が亡くなった後、子供がいないことで自分の立場が悪くなることも懸念していたため、呂不韋の口車に乗せられて人質だった子楚を養子に迎え、世継ぎとすることを約束した。やがて秦の荘襄王《そうじょうおう》となる子楚こそ、始皇帝・嬴政の父親である。

昭王の死後、子楚の父が即位するが、そのわずか3日後に死亡し、1年の喪明けを待って子楚が荘襄王となる。このとき、10歳にも満たない政はまだ母の趙姫《ちょうき》とともに趙で生活していた。

父が死ぬ6年前に、子楚は妻子を置いて単身秦に帰国していたが、その裏には命からがらの脱出劇があった。秦が休戦協定を破って趙に攻め込み、怒った趙王が人質の子楚を殺害しようとしたところを、呂不韋が趙の役人を買収して子楚を秦へ逃したのだ。緊急事態だったために趙姫夫人と政は一緒に逃げることが叶《かな》わず、呂不韋の配慮で趙の豪族の家に匿《かくま》われていた。ふたりが秦に戻ったのは、子楚が王位に就いたあとである。秦王となった子楚が政を太子に指名したため、趙は政と母親を秦へ送り返さざるをえなかったのだ。

『キングダム』では政が命からがら趙から秦へと逃れるエピソードが描かれているが、あれは政の父である子楚の脱出劇をベースにしたものだろう。

子楚が荘襄王となったことで、呂不韋は丞相《じょうしょう》の座に就いた。それまで一介の商人に過ぎなかった男が、いきなり政治的基盤を持たない国で高位に就いたのである。ところが、荘襄王の時代はたった3年で幕を閉じてしまう。王位3年目のその年、荘襄王は崩御したのである。

祖父（安国君）が在位3日、父（子楚、荘襄王）が在位3年で死亡したため、まだ13歳だった政が王位に就くことになった。いかに優れた資質を持っていても、13歳の少年に国を統治することはできず、呂不韋が丞相よりさらに上位の相国として秦の実権を握る。国の頂点に立つ君主以外はすべて一律、というのが秦国の制度だが、このときばかりは呂不韋が王に肩を並べるぐらいの権力を得ていたのかもしれない。ただし呂不韋が行なった統治は、孝公時代から続いてきた商鞅の変法に基づくものだ。この時点で政は「仲《ちゅう》父《ほ》（父に次ぐ者）」として呂不韋を敬っていたが、やがて決別のときがやってくる。

内側に潜む敵

秦の王となった政が自ら王として政治を行ない、中華統一に向けて六国と戦うのは22歳で元服してからだが、その前に国内の敵を粛清しなければならなかった。太后（政の母）の愛人・嫪毐《ろうあい》の反乱が史書に記されている。政の母・趙姫はもともと呂不韋の愛人で、太后となってからも呂不韋と密通を続けていたが、ことが露見するのを恐れた呂不韋は、嫪毐という巨根の男を自分の代わりに太后にあてがう。嫪毐に溺れた太后はふたりの子を産み、嫪毐は領地を治めるまでに出世した。

しかし、やがて政の耳にも母の醜聞が聞こえてくる。身の危険を感じ取った嫪毐は太后の印璽《いんじ》で兵を集めて反乱を起こしたが、なんなく鎮圧され、嫪毐とその一族は皆殺しにされた。この反乱に太后がどの程度関わっていたのかは不明だが、嫪毐との間にできた子供ふたりは異父兄の政によって誅殺《ちゅうさつ》され、太后は幽閉の身となった。

では呂不韋は？　そもそもこの乱の元を手繰れば、嫪毐を太后にあてがった呂不韋にたどり着く。商鞅が作った秦の法に則《のっと》れば、連座制で呂不韋も処刑されるところだ。しかし、それまでの貢献によって酌量され、相国の座から降りて封土で暮らすよう命ぜられた。呂不韋は自分が作りだしたキングに背いた罪で、失脚したのだ。

こうして呂不韋は歴史の舞台から退場する。それにしても、豪商から他国のキングメーカーとなって政治を操り、国の安定と文化の保護にも努めた呂不韋は、いつの時代でも権勢を振るうことのできる人物に見える。その剛腕と人望を、政は畏怖したのかもしれない。ともあれ国内の乱が収まって以降、政は秦の実権を完全に掌握し、君主が自ら政治を行なう親政体制を本格的に固めていく。

秦の六国平定

政が成人する前から、秦は韓・魏・趙・燕・楚による合従軍を打ち破るなど、すでに強大な軍事力を誇る国となっていた。国のあり方を一変させた商鞅の変法断行から100年あまり、政が王となったときにはすでに中華統一への土台は整っていたのだ。

政がどのように六国を平定したかは、ここではあえて触れない。『キングダム』のこれからの展開を楽しみにすることにしよう。史実では、呂不韋を追い落としてから15年で、六国を滅ぼし統一中国の王となった。全七国の広さ、戦いの規模から考えても驚異的、まさに怒濤《どとう》の勢いで統一は成されたのである。

すべての民が王の僕《しもべ》となる法家

秦が滅ぼした六国の中には、楚のように秦より領土が広い国もあれば、資源や人材に恵まれていた国もあった。なぜそれらの国はことごとく秦に敗れたのか。

六国では王の兄弟や叔父、はたまた親類たちが王の威光を借りて権力を分け合い、それぞれ権勢を振るっていた。権力を持つ者が多ければ多いほど国力は分散してしまう。また、周で布かれ、戦国時代まで多くの国が踏襲していた封建制は、ローカル権力者が各地に跋扈《ばっこ》することを許し、地方分権をもたらす制度である。これでは国を挙げての戦になっても、王の求心力が削がれてしまう。六国は氏族制を崩すことができず、王ひとりに権力を集中させて国をまとめることができなかった。

一方の秦は王だけがすべての権力を掌握し、あとはみな一律に王の僕として国力アップに貢献するシステムを作り上げた。軍隊も丸ごと王ひとりが掌握している。秦では15歳以上の男子はすべて兵役の義務を負い、平時から系統立った軍事訓練が行なわれたため、100万の精鋭がいたと伝えられる。

超大国・楚はそんな秦をも上回る国力があり、武将や兵士の数でも秦をはるかに凌駕《りょうが》していたはずだ。しかし、楚は氏族制が強く残る国であったため王族は1000人にも及び、それぞれが強い実権を握っていた。10の力であっても、ひとつに結集すれば、分散した20の力をそれぞれ破ることができる。ひとつにまとまった秦の軍勢に、楚は各個撃破されてしまったのである。

秦打倒最後のスーパースター・李牧《りぼく》

『キングダム』のなかで、敵ながら魅力的な存在として描かれているのが趙の李牧である。知略と武勇を備えた稀代《きだい》の軍略家でありながら、「無駄な血を流す」ことを嫌っている。かなりのイケメンで、その表情は常に涼やか。いくらなんでも格好良過ぎるのではないか。

史書の李牧は、元々、国境警備軍の長。異民族の匈奴《きょうど》にしばしば襲われる北方の警備を任されていた。匈奴はのちのモンゴルにもつながるとされる民族で、強力な騎馬隊を率いていた。まともに戦って勝てる相手ではない。

そこで李牧がとった戦術が『史記』で紹介されている。あるとき、趙の国境警備軍は、スキを衝かれて駐屯地の家畜をすべて匈奴に奪われてしまう。勢いに乗った匈奴軍が10万を超える兵力で趙を攻めたが、待ち伏せしていた李牧の軍によって壊滅させられた。実は、匈奴の家畜強奪は、李牧が仕掛けた罠《わな》。わざと警備の薄さを見せつけ、相手が勢いに乗って大軍でやってくるところを返り討ちにしたというわけだ。この功績で李牧は大将軍に抜擢された。

国境から中央へ戦いの舞台を移したあと、李牧は秦を幾度となく苦しめている。一強となった秦に対し、多くの国は合従軍で対抗するという発想しかなかった。自軍の実力で対抗できたのは李牧と楚の項燕《こうえん》だけ。史実でも李牧はスーパースターだったのである。

李牧《りぼく》様 気をつけねば 奴らは独特の…
心配 いりませんよ
これは 単なる序章に すぎません
圧倒的力の差を示して 勝ってみせます
パシュ

（24巻）

秦は戦場での指揮系統に「部曲制」を採用している。部とは大規模な独立実戦部隊で、通常は部を分けて幾つかの曲としていた。戦の規模によって部や曲を組み合わせ、自在な編成が即座に組めるようにしていたのだ。

他国も当然ながら軍を強化していたが、指揮系統を「王」に完全集中させた秦軍の統率力には及ばなかった。しかも秦軍は、「軍功を挙げれば大昇進、挙げられなければ地位剥奪」というアメとムチを常に意識しながら戦っていた。そんな秦の軍隊が強くなるのは自明である。

軍功爵のわけ隔てない適用は着実に行なわれていた。いつの時代も、実力でのし上がった者のなかから、クーデターを起こしトップの座を狙おうとする者が出てくる。秦王は、そのことも十分承知していたようで、将軍の座に就いた者にさえ、基本的には軍を統率する権限しか与えなかった。軍を移動させる権限は王だけが握っていたのである。

軍隊移動の指令を出す際には、割符が使用された。虎を模《かたど》った銅製の「虎符」を左右まっぷたつに割り、右部分を王が、左部分を将軍が持っておく。軍を移動させる際には王が持つ右の割符を使者に持たせて戦場へ派遣し、将軍の持っている左の割符と合わせ

虎符

銅でできた伏せた虎の割符を使って、秦王は軍隊移動の指令を出した。虎符は左右に分かれ、それぞれに同じ銘文が刻まれている

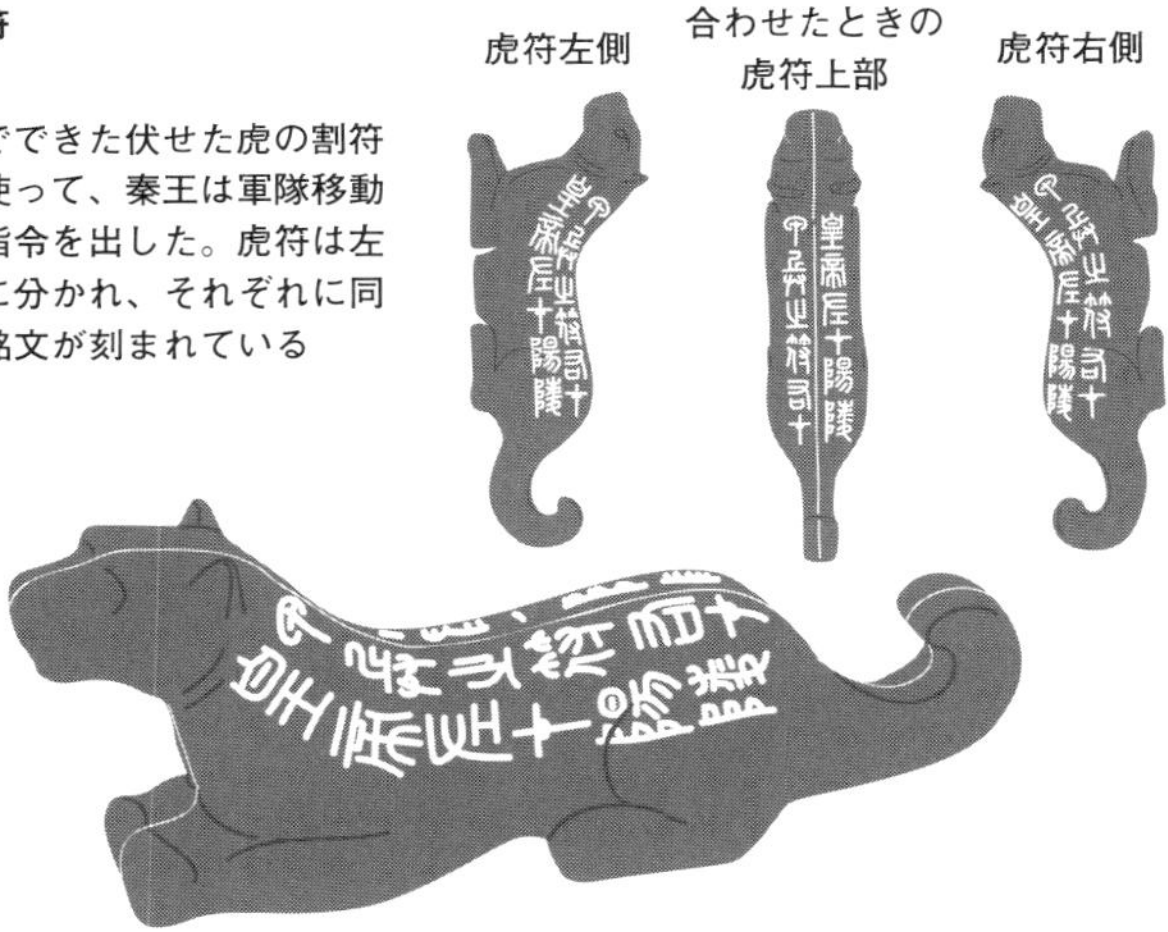

て本物かどうか確認する。それを受けて、将軍は王の命令通りに軍を移動させた。現代でも、「符合する」などと使う言葉の語源はこの割符が合うことである。

驚くべきことに、軍移動に関する秦の割符は「50人」規模から使われていた。100万の兵を抱える秦王は、兵を50人移動させるにも割符を用いるようにしていたのだ。現場の人間を信じないあまりにも厳格過ぎる制度だが、中国大陸の統一は、まず自国を完璧に統一し支配することなくしては成しえなかったのである。

なぜ秦だけが法家の導入に成功したか

春秋時代後期から始まった、鉄の大量生産による「農業改革」で飛躍的に生産量が上がり、氏族制が揺らぎ始めたことはこれまで説明した通りだ。ただ、揺らぎ始めたといっても、多くの国では諸子百家の思想家を要職につける程度で、支配者層の既得権を積極的に奪うことはできなかった。

氏族制の解体という時代の流れは自明だったはずなのに、各国はなぜその流れに乗ることができなかったのか。後世の目から見れば、富国強兵を目指す秦が法家を導入したのは当たり前のことにも見えるが、それならなぜ、六国は当然の正解を選べなかったのだろうか。

実は六国にも、法家型の社会を導入しようとした国があった。たとえば楚。商鞅《しょうおう》の変法と同時期に、楚でも呉起《ごき》という法家による政治改革が行なわれていた。

これは秦の変法に匹敵する氏族制解体の策だったが、既得権者の反発は大きかった。呉起を登用した王が崩御した瞬間に、ある王族は呉起を殺害すべく動く。そこで呉起がとった行動は凄まじい。王の屋敷にいた彼は追手から矢を射かけられると、王の遺体に覆いかぶさったのである。矢は呉起もろとも王の遺体を貫き、射手は王の身体を傷つけた罪で死罪となった。

最期は自分の身を挺《てい》してまで楚に法家思想を植えつけようとした呉起だが、死後に彼の意志が生かされることはなかった。次代の王は法をもとに戻し、氏族制社会復活に舵《かじ》を切った。王は、法家に基づく改革こそ強国にする方法だと頭では理解していても、ほかの王族の反発を押さえきれなかったのだ。序列を重んじ、下剋上も起こさなかった1000人に及ぶ楚の王族たちにとって、一度の失敗で特権的な地位が失なわれてしまう法家の思想は、とうてい受け入れがたかったのだろう。

楚以外でも、魏や韓といった国が君主権の拡大を目指したが、やはり既得権者の反発を押さえきれず、その改革は不徹底に終わっている。

一方の秦は、もともとが西の外れに位置する田舎の小国である。趙のように、周時代から名門とされた国(晋)から出発したわけでもないし、楚や斉のように王族や貴族が多かったわけでもない。辺境の新興国ゆえ、強い氏族的特権を持った者がもともと少なかったために、楚ほど大きな反発が起きなかった。商鞅もまた呉起と同様に悲惨な最期を遂げているが、商鞅の死後も秦は改革路線を継続させることができたのだ。

現代でも、過去の成功体験を引きずった日本の大企業がフットワークの軽い新興企業に敗れる例を見かけるが、秦の成功はまさしくそれだった。当時の農耕技術は今のＩＴだ。技術革新によってもたらされた社会の変化に対し、可能な限りその変化を小さくしようとした六国と、リーダーが既得権者を押さえ込んで変化を加速させ、新しい秩序に適応させた秦。こうした図式は、国や時代を超えて、さまざまなところに見出《みいだ》すことができよう。もっとも、秦で暮らす人々が幸せだったかどうかは、別問題だが。

コラム

「戦う馬」を作りだした秦
～古代中国の戦争とはどのようなものだったか

古代中国において、戦争はどのように行なわれていたのか。

春秋初期、戦いの中心は戦車だった。戦車には御者と、弓での射撃担当（乗長）、矛での近距離攻撃担当（参乗）の3名が乗る。御者は4頭の馬をコントロールするため高い技術が必要で、兵士の中ではもっとも待遇が良い。

戦車の後ろに100名の歩兵が追随するが、彼らが白兵戦を行なうことはめったになかった。歩兵の役割は、戦車同士の戦いを囲み、鬨《とき》の声を上げて相手を威嚇する程度に留まる。歩兵から死者はほとんど出ず、戦いは戦車同士の対決で決まった。春秋初期の戦は、戦車兵の技量を競い合う、一種のスポーツのようなものだったといえる。

そうした優雅な戦いが続いたのは、この時期はまだ平野が続く中原エリアで戦争が行なわれていたからだ。

春秋中期に入ると、諸侯は南の大国・楚などの国と、中原を離れて戦うようになる。戦場が平坦な場所ばかりではなくなることで、戦車は脇に退き、おのずと地形の制約をうけない歩兵が戦いの中心になっていく。

北方の騎馬民族と戦う国も出始めたことで、しだいに騎馬隊も拡充され、騎馬戦術も洗練されていった。もっともドラスティックな変革を行なったのは趙だろう。趙は長年、北方の胡族《こぞく》に国境を荒らされてきた。胡族は兵士が直接馬に乗ったまま弓を放つ「騎射」を行ない、圧倒的な機動力で中華の国々を苦しめていた。

戦国中期の前326年に即位した趙の武霊王《ぶれいおう》は、裾が長いスカート状の軍服をズボン式の「胡服」に改め、騎射をしやすくした。自らの威信を気にする貴族からは猛反発を受けたが、「胡服騎射」を採用し、敵の俊敏な馬を多数奪って優位に戦い、領土も大いに拡げたといわれる。

騎馬民族と中華の国々では、馬そのものの種類も異なっていた。今で言うサラブレッドのような俊敏な馬とともに戦っていた騎馬民族に対し、中華の国々にいる主な馬は、ラバに似たずんぐりとした農耕馬だ。北海道のばんえい競馬に使われるような馬でスピードも遅く、もちろん戦闘には向かない。

では、趙のように「サラブレッド」を入手できなかった秦は、どのような騎馬戦術で戦ったのか。これは『キングダム』で紹介されている。

蕞《さい》の戦いの最終局面、信が趙の龐煖《ほうけん》と戦ったときの描写を覚えているだろうか。信の馬が龐煖の馬を蹴飛ばしている。あの場面では「まさか、馬まで戦わないだろう」と、作者の創作を疑った人が多いのではないかと思う。しかし、実はあれが史実なのだ。

秦は、身体が重く動きが遅い馬の特性を活かす方法を考え、闘犬のように調教して「戦う馬」に仕立てたのである。さらに、騎馬隊のための軽量の鎧《よろい》を作って兵士と馬に着せ、敵の馬に体当たりさせた。秦の人は中国人の中でも体格が良かったため、この体当たり戦術は相当な威力を発揮したのではないだろうか。

（32巻）

六　秦帝国の中国大陸統治

秦から清まで、中国を支え続けてきた「郡県制」

在位26年目、39歳で六国平定を果たした嬴政は「皇帝」を名乗る。法家の思想家・李《り》斯《し》を廷尉《ていい》（法務大臣）にして、旧六国にも秦の法を適用し統一帝国を束ねていった。

始皇帝が平定後に行なった事業のうち、万里の長城や始皇帝陵・兵馬俑坑《へいばようこう》の建設は広く知られているが、後世から見てもっとも重要な功績は、旧六国に「郡県制」を布いたことである。

これは第2章でも紹介した「県制」の拡大版だ。秦は統一した中国を36の郡に分け、郡の中に県を置いた。そして、それぞれの郡に一代限りの官僚を派遣して、中央集権的に全土を支配する体制を作ったのである。

さらに、地方官僚の命令系統として、〝郡〟の行政責任者「守《しゅ》」、郡の下の行政単位〝県〟の行政責任者「令」を置いた。令は守の部下とはせず、それぞれ個別に皇帝に直属し、指揮系統も完全に分けている。郡のトップ・守への権力集中を避けるための施策だ。

また、郡の軍事を掌握する者として「尉《い》」、さらに守と尉を監査する者として「監《かん》」という役職を作った。彼らも皇帝が直接任命し、派遣した。もちろん、いずれも世襲できない一代限りの官僚である。今の日本に置き換えていえば、県知事も市長も、警察トップも監査担当者も、全員を首

封建制　諸侯（各国の君主）による権力分散
諸侯の地位は世襲。領内でどのような政治を行なってもよい

郡県制　皇帝への権力集中
地方に派遣される官僚は一代限り。官僚は皇帝の意志を代行するのみ

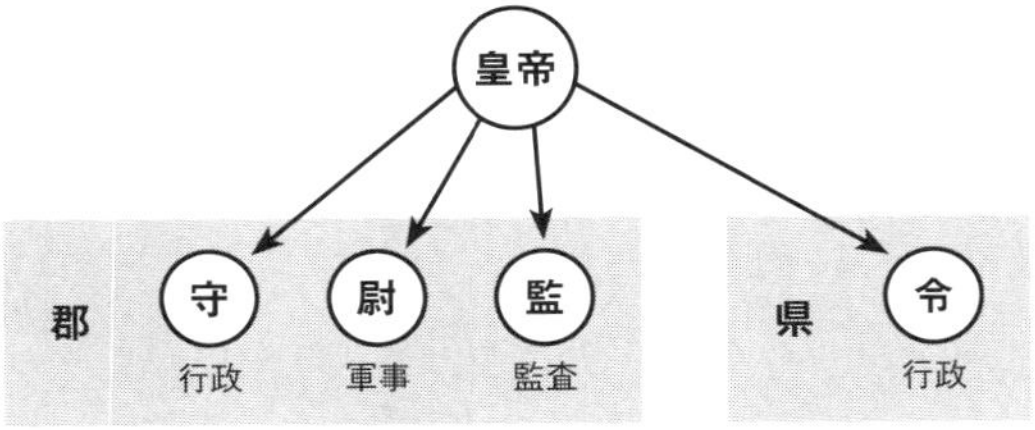

これらの役職は皇帝直属。守と令の間に主従関係はない

相が任命する、ということになるだろうか。

また、秦の王族や功績のあった家臣には賞与を与え、王翦《おうせん》など、秦の家臣が持っていた領地も召し上げた。

こうして始皇帝は、行政官に権力を持たせず、すべての力が皇帝に集まる中央集権的官僚制度を確立した。

それまで、氏族制社会が色濃く残る旧六国では、守・令・尉・監のような役職に誰が就くかは、エリア内に存在する氏族制ピラミッドの力関係で決められていた。ピラミッドの頂点にいる者はローカル権力者として、独立性の高い存在となることも可能だ。封建制は氏族制社会を温存させるシステムなのである。

始皇帝の郡県制システムが作動したとき、中国は周以来800年近く続いてきた封建制と決別した。以来、一部の例外状態を除いて、20世紀に滅びた清朝にいたるまで、郡県制的な地方統治が統一国家の基本政策となった。

これについては第5章で述べるが、中央集権型の地方統治がこれほど早く成立し、それを維持し続けた国は、世界中で中国以外に存在しない。「はじめに」で言及した、「超巨大国家・中国」をもたらしたのは、始皇帝が作り上げた郡県制なのである。

「漢民族」を作りだした文字の統一

このような地方支配の方法は、国家存亡を左右するレベルで重要な政策だった。といわれても、ピンとこないかもしれない。要するにこれは、現代と違ってメールも電話もない時代に、遠く離れた地方に向かった者を中央からどうコントロールするか、という問題だ。日本で秦レベルの中央集権国家が誕生するのは、明治維新まで待たなければならなかった。

秦の支配地域が日本の10倍以上であることを思うと、その凄《すご》さに圧倒される。当然ながら、秦も簡単に統一後の政策を進められたわけではない。困難な事業を実現するためにまず採用したのは、越権行為を行なった地方官僚を容赦なく罰する、法家的な「信賞必罰」である。その実現には、「文字の統一」と「文書主義」がひじょうに大きな役割を果たした。

『キングダム』を読んでいると、斉から楚にいたるまですべての人が同じ中国語を話しているような錯覚に陥るが、もちろんそのようなことはない。地域ごとに使われる言葉はまったく異なっていた。それも「方言」というレベルではなかった。互いに通訳が必要となる文字通りの「外国語」で、発音も完全に異なっていたのである。

　おそらく、各国のエリートならば、片言レベルでなんとか互いの意思疎通が図れる言葉はあったと考えられる。今の英語のようなものだ。その言葉は、晋から独立した趙・魏・韓のあたりで使われていたものではないだろうか。合従軍で各国の将軍が作戦会議をする際は、それが使われたはずだ。

　文字はどの国も漢字を使用していたが、それぞれの地方で異なる体系があり、ひとつの漢字に多数の表記方法がある、ということも普通だった。

　このような状態では、皇帝が地方の官僚に命令を出すことも、官僚が民に通達を出すことも困難を極める。また、地方行政でロ

	秦	楚	韓	魏	趙	斉	燕
馬							

当然ながら、秦の文字が現代日本人が知っている漢字に一番近い。統一したのが他の国だったら、我々が使う字もまったく違ったものになっていただろう

ーカル表記が認められていれば、中央からは適切かどうかの判断がつかなくなってしまう。

そこで始皇帝は統一文字「篆書《てんしょ》」を定め、そのうえであらゆる命令や通達を文字にして残す文書主義を徹底した。

なお、文字の統一は、後世の中国に絶大な影響をもたらしている。

現在の中国では、公用語とされている北京語《ペキンご》以外に上海語《シャンハイご》や広東語《カントンご》など地域ごとに複数の言語が使われ、それぞれ発音も語彙も異なるが、それでも筆談をすれば意味を理解できる。これは文字が共通しているからこそ成り立つことだ。

古代ローマ帝国の公用語・ラテン語は表音文字で記されたので、方言の影響を強く受けた。つづりが地域ごとに変わってしまうため、遠く離れると同じ国の人同士でも意思疎通ができなくなるのだ。しかし表意文字である漢字は、いったん統一された後ならば、ローカル表記がなされていても形を見ればおおよその意味をつかみ取ることができる。「筆談」の効用はとてつもなく大きい。現在の「漢民族」は、言語も文化も大きく異なる多彩な人々の集団である。それでも、彼らには「漢民族」という共通の「われわれ意

戦国時代の七国はそれぞれ文化の違う異国だ。文字、単位、貨幣、思想の統一……いずれも六国平定後、李斯が手がけることになる(46巻)

識」がある。そのわれわれ意識の根底に流れるものこそ、文字を共有し、文字を介してコミュニケーションが図れるという「同胞」意識なのである。それを考えれば、「漢民族」を作りだしたのも始皇帝だといえる。

空前絶後の500万の兵士

話を戻そう。始皇帝は文字だけでなく、度量衡や貨幣の全国統一を行なった。度量衡の度は長さ、量は容積、衡は質量のことで、要は「長さや重さの単位」と「貨幣価値」の統一である。これまで、単位は国ごとに異なっていたため、全国を一律で治めるには、それらを揃えなければならない。また、地方権力者や役人による不正をなくすことも目的だった。

当時、布や穀物で税をとる際に、勝手に長さや重さの単位を変える役人がいた。たとえば布5尺を徴税する場合、1尺の長さを2倍に変えれば、国に規定の5尺をおさめたあと残りの5尺が自分のものになる。こうした腐敗を放置しておけば、地方で独自に力を蓄える者が出かねない。貨幣単位の統一も同じことで、いずれも君主の力を弱める口ーカル権力者の出現を防ぐための政策なのである。

加えて、産業を活発にし、有事には円滑に軍隊を移動させられるよう、交通網の整備を行なった。

旧六国を含むすべての人間を記載し、管理する戸籍も整えた。現存する史料から推定すると、秦の国民が約5000万人だったことがわかる。紀元前にこれほど細かく国民を把握していた国は、当然ながらほかには存在しない。ヨーロッパで戸籍に相当する身分登録制度が整備されたのは、フランス革命の後である。

秦はこのように個人一人ひとりを把握していたために、最大500万もの兵隊を動員することができた。現在、世界最大の兵を擁するのは中国の人民解放軍だが、それでも300万人に満たないとされている。秦の軍事力は、まさしく、想像を絶する規模というほかはない。

この驚愕《きょうがく》の動員力で、始皇帝はいよいよ北方の騎馬異民族・匈奴《きょうど》の征伐に乗り出す。秦に限らず各国はかねてから異民族の侵入に悩まされ、各自で長城を築いて備えてきた。始皇帝は長子の扶蘇《ふそ》と蒙恬《もうてん》に命じ、黄河の湾曲部の内側（オルドス）から匈奴を打ち払わせ、各国の城壁を延ばしていった。壁は異民族の馬が越えられない高さに定めた。これがのちに「万里の長城」と呼ばれる約5000㎞に及ぶ城壁である。参考までに、これは京都からシンガポールまでの直線距離に相当する。

第2章のコラム（81ページ）で当時の貨幣経済について言及したが、国を超えて活躍する商人が出現し、経済が「グローバル化」する中で障壁となっていたのが、異なる貨幣と関税である。六国平定により関税は撤廃された。始皇帝は貨幣を統一して、5000万人が属する単一通貨による超巨大経済圏を作りだし、商業を活発にした。始皇帝が流通させた半両銭は、今で言うユーロと等しかったのである。

都の咸陽《かんよう》では宮殿づくりも始まった。始皇帝の権力さながらの巨大な城だ。正殿の規模は東西680m、南北113m、1万人を収容できる規模だったという。しかしあまりに大き過ぎて、始皇帝の生きているうちには阿房宮《あぼうきゆう》という仮称のまま完成を見なかった。やがて秦が終焉を迎えると、楚の項羽《こうう》によって火を放たれ、阿房宮は崩れ去ったという。

統一帝国の宮殿は未完成だったが、地下宮殿の方は完成した。始皇帝の墓、驪山陵《りざんりよう》

（始皇帝陵）のことだ。始皇帝は13歳で秦王に即位した直後から陵の造営を始め、死の前後にようやく完成したと言われる。

周囲2000m、高さ76mの巨大な陵は、死後も生前同様の生活ができるよう、あらゆる工夫が施されている。墓室には役人が座る席も設けられ、盗掘を防ぐための仕掛け弓が備えてあった。戦車や武具、兵馬俑と呼ばれる馬や兵士を模った陶製の副葬品も多数配されている。兵士の俑（副葬用の人形）はその服装から皇帝を守る近衛兵《このえへい》であることがわかる。始皇帝は死してなお、8000体の兵士に守られていたのだ。

人形だけではない。大量の人骨も発掘されている。始皇帝の殉死者と言われているが、実際は驪山陵の工事に関わった人々も多数殺害されて陵に残された。これも完成後の盗掘を避けるためである。

陵の主、始皇帝は「高い鼻、切れ長の眼、鷹のように突き出た胸、豺《やまいぬ》のような声」（『史記』）の持ち主であったと伝わる。『キングダム』の政と通じるところもあるが、果たして始皇帝はどのような姿で驪山陵に眠っているのだろうか。始皇帝の遺体に関しては、いまだに調査の手が入っていない。

コラム

楚の領土はなぜあれほど大きいのか？

広大な領土、人材豊富な武将たち——『キングダム』に描かれている楚は、とにかくこのふたつが強調されている。実際、楚は強かった。秦帝国が短命に終わったのも、楚の人々が「打倒秦」でひとつにまとまったからだ。それでは、いったいどのような歴史を経て、楚はあれほどの人材と領土を誇る超大国になったのだろうか。

楚という国が中国の史書に登場するのは周の時代からで、それ以前は謎に包まれている。殷や周は黄河文明を受け継いでいるが、楚人は「長江文明」を築いた古代人の子孫という説が有力だ。「漢民族」とは異なった民族だった可能性が高い。殷・周の諸国とは、文化も言葉も慣習も、何もかもが違っていた。

中華とは異なる文明圏、南の遅れた国。そんな揶揄《やゆ》を込めて、中原の国々は楚を「南蛮」と呼んだ。

楚が中国と本格的なかかわりを持ったのは、荘王（前614年即位）の時代だ。周王の死後、春秋時代に入って150年ほど経った頃、荘王は東周の王を挑発した。周の国宝ともいえる鼎《かなえ》の重さを尋ねたのだ。鼎とは三足の青銅器で、その重さを問うことは東周王の権威の重さを尋ねたことに等しい。このエピソードから、権威者の力を疑うこと、またその権威を奪おうとすることを「鼎の軽重を問う」と言うようになった。荘王も周の征服を企《たくら》んでいたのだろう

大国 楚《そ》で将軍になることがどれ程のことか 貴様らは理解《わか》っておらぬ!
貴様らと楚では国土の広さが違うが故《ゆえ》に
人の数が違う!
つまりは
競い合う底辺の数が違うのだ
しかし将の数は他国と大差ない
分かるか
楚で上にはい上がるためには貴様らと比べものにならぬ凄まじい競争を勝ち抜かねばならぬのだ
（26巻）

か。彼の豪胆さと権力欲がよく見えるエピソードだ。

荘王のあと、楚は一時力を失うが、そののち呉や越といった周辺国を滅ぼして再び強国にのし上がり、『キングダム』の時代に突入する。とはいえ、『キングダム』の時代も、斉や趙、魏といった国からすれば自分たちと違う「異国人」という認識だったと思われる。

楚は超大国といわれるが、それも当然の話なのだ。黄河文明を継ぐ人々を六か国で分け合って支配していたのに対し、長江文明を継ぐ人々を一国でまとめ上げていたのだから。

もし仮に秦の統一が黄河文明の国々――つまり楚を除いた五国――で終わっていたら、その後の歴史で、中国はずっと南北で国境が分かれていた可能性がある。実際、『三国志』の時代も南北朝期も、南北で分断されているのだ。今も食べ物はまったく異なり、北では麵やパンなどの小麦を主食とし、南では米を食べる（北京っ子でチャーハンを好む人にはなかなか出会わない）。

それでも、中国が伝統的に南北でひとつにまとまっているのは、始皇帝が楚も含めて六国を平定し、貨幣や度量衡を統一して一律で郡県制支配を行ない、それが漢代にも引き継がれたからだ。漢の景帝の時代に、旧楚で起きた大規模反乱（呉楚七国の乱）が鎮圧され、ようやく楚は中華の中に組み込まれたのである。

第4章　始皇帝はなぜ儒家を憎んだのか

法家の欠陥

秦以外の六国は統一ではなく、ゆるやかな国家連合となることを想定していた。合従軍が象徴的である。それに対し、秦はあらゆる権力を王のもとに集中させることに成功し、そのため中国大陸統一は数百年早まった。

信賞必罰の分け隔てない適用により、ローカル支配者を潰して国のピラミッドを平らに均し、「法の下の平等、ただし君主を除く」を実現する法家。統一後、始皇帝は中国全土で法家の思想にのっとった支配を行なった。秦を強国へと押し上げた統治を全土に適用したのである。統一の原動力となった法家思想をあまねく広めれば秦帝国の地盤は不動のものになる、はずだった。

しかし、秦は統一後、わずか15年で滅びた。それも完膚無きまでに破壊し尽くされた。法家の思想では国を安定して治めることはできない、と言わざるをえない。

なぜ儒家を目の敵に

この原稿を書いている時点で、『キングダム』は王翦《おうせん》を総大将とした秦と、李牧《りぼく》を総大将とした趙の合戦が続いている。物語はこのあとどんな展開を見せるのだろうか。趙や楚といった国が、今後も秦の統一に対する大きな障害となることは想像に難くない。ほかに壁として立ちはだかる可能性があるのが、諸子百家の儒家だ。すでに、それを予言するシーンが46巻で描かれている。

「中原の儒家思想は厄介だ」
「中原では法より上に儒家思想がくる」
「本当の法治国家にするのなら、(中略)〝法家〟と〝儒家〟の戦いが勃発する」

秦の文官・昌文君《しょうぶんくん》に対して語られた言葉だが、これを発したのが牢獄《ろうごく》の中にいる李《り》斯《し》であったことに注目してほしい。第3章で詳述したように、李斯は統一後の秦の政策を定めた法家の重鎮である。始皇帝の布いた法家政策は、すべてに李斯の意図が働いていたといっても過言ではない。

史書によれば、統一後の秦で460人もの方士《ほうし》（神仙思想家）や儒家が生き埋めにされた「坑儒」まで起きたという。事の発端は、方士のひとりが始皇帝を「残虐だ」と批判したことで、それがなぜ儒家の弾圧へと飛び火したかは定かでない。だが、なにゆえ李斯と始皇帝が儒家を憎んだかは容易に想像がつく。

儒家が隆盛すれば、時代が逆戻りしてしまうからだ。

ここでは、旧来の社会体制との結びつきにポイントを置いて、儒家の思想を説明しよう。商鞅《しょうおう》の変法は何を標的としていたのか。そして秦がなぜ法家一辺倒の限界に突き当たることになったのか、明確に見えてくるはずだ。

七 奇妙な儒家

「親を大事にしよう」なんて話がなぜ「思想」なの？

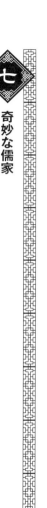

祖師とも開祖とも言われる孔子《こうし》を筆頭に、孟子《もうし》、荀子《じゅんし》など、儒家の門からは歴史に名を残す思想家を大勢輩出している。秦が滅び漢の時代を迎えると、儒家思想は国教になり、「儒教」と呼ばれるようになる。以来、2000年もの長い年月、儒教は脈々と受け継がれ、中国大陸の統治イデオロギーとして君臨してきた。要するに、儒家と儒教を知ることこそ、古代中国から現代中国まで、中国という国を丸ごと知るキーなのである。

だが、われわれ現代日本人は儒教を正しく理解しているだろうか。儒教と聞いて真っ先に思い浮かべるのは「礼儀」を大事にするイメージだろう。それでは、統治の思想で礼儀を重んじるとはどういうことか。まさか、毎朝「おはようございます」とあいさつすれば社会問題が解決する、わけでもあるまい。

「親孝行」も儒教の大事な要素と言われるが、それは人としてごくごく当たり前の話だ。これまで法家の強烈な思想を見てきたが、それと比べると儒家はしごく常識的なことしか説いていないように見える。「お父さんを大切に」などという話が、なぜ、国教とされるほどにありがたがられなくてはならないのか。

私がこれまで中国人と接した印象からいえば、儒教は中国人の肌感覚を理論化した教え、彼らに内在しているものを言語化した思想である。むしろ、儒教が中国人を作りだした、と言っても良いかもしれない。本章ではまず、孔子をはじめとする「諸子百家」が出てきた時代背景を説明しよう。そののちに、孔子や孟子の思想を考えていく。

諸子百家の時代

歴史の流れを振り返っておこう。周王が犬戎《けんじゅう》によって殺され、東周が成立したことで春秋時代は始まった。前770年のことだ。東周の王の権力は弱かったため、リーダーシップを取る者がいなければ、諸侯は異民族に各個撃破される恐れがあった。そこで、東周王の権威のもとで覇者がリーダーシップを取る体制が成立する。

その370年後の前403年、趙・魏・韓の下剋上を認め、東周の王の権威も失墜したところから戦国時代が始まる。もはや誰も、東周の王を擁立してリーダーシップを取ろうとはしない。諸国は異民族にも独自に対抗するべく、勢力均衡から勢力拡大へ揃って舵を切った。なんでもありの戦国の世が始まったのだ。

国力を高めなければ侵略を受けるとなれば、各国は生き残りをかけて知恵を絞る。地位の低い者が、力と知恵によって上位者の地位を奪っていく下剋上が見られるようになった。身分の低い者であっても、優秀ならば国の役職に取り立てられることも出始めたのだ。

こうした背景から生まれたのが「諸子百家」と総称される思想家たちだ。どのように考え、どう実践すれば国を富ませることができるか。諸子百家が追求したのは主にこの一点である。国家の理想論を説く者、具体的な政治体制を語るもの、実践的な戦術を編み出す者など中身はさまざまで、それゆえ「百家」と呼ばれるようになった。なお、「家」とは流派を指す言葉だ。

特筆すべきは、思想家のなかには庶民階級や奴隷出身の者もいたことだ。たとえば兼愛（氏族を超えた、無差別平等の愛）と非攻（戦を仕掛けない）を説き、戦国時代後期には儒家に次ぐ影響力を誇った「墨家《ぼくか》」の創始者・墨子《ぼくし》は、庶民階級のなかでも地位の低い工人の家に生まれたと言われる。生まれた家柄で職業も人生も決められていた社会から、実力次第で人生を切り開ける社会へ少しずつ変わろうとしていた。

諸子百家たちは自国のみならず、諸国を巡って持論を説いた。自らの説を認め、登用してくれる人物を求めて遊説したのである。各国の支配者層は思想家を食客《しょっかく》としてもてなし、自国の発展に役立つ者は一代限りの貴族（客卿《かっけい》）として登用した。

とりわけ諸子百家を厚くもてなしたのは斉の威王《いおう》だった。威王は斉の都に邸宅を用意し、思想家たちを住まわせて学問や思想の研究、著述に当たらせた。最先端の思想研究所とも言えるこの拠点は、地名にちなんで「稷下の学《しょくかのがく》」と名づけられた。

稷下の学に集った思想家たちは、日々論争を繰り返しながら持論を深め、あるいは他者の論を取り入れて思想を体系化していった。立場や学派が異なる者たちが議論し合う「百家争鳴」という言葉は、稷下に集った思想家たちの論争からきたものである。

稷下の学からは多くの著名な思想家が育った。たとえば宇宙論の基礎を形成した陰陽家の鄒衍《すうえん》、性悪説で名高い儒家の荀子、はたまた兵家の孫臏《そんぴん》もここから頭角を現した。彼らによる論争からは弁論術が発達し、やがて外交術を専門とする縦横家《しょうおうか》も誕生する。

なかでも戦国時代、もっとも多くの国に受け入れられた思想が儒家だ。諸子百家の良きパトロンであった威王の斉国も、儒家の影響が強い国であった。戦国時代の後期、秦と肩を並べるほどに勢力を誇っていた斉だが、最後は秦と争うことをせず、降伏する形で秦による中華統一を許した。その違いは両国が選びとった思想、その思想に基づく国家体制の違いだろうか。

孔子――愛は氏族を超えない

孔子は前551年に魯国で生をうけた。中華統一の330年ほど前の、春秋時代の後期にあたる。

魯は周公（周公旦《しゅうこうたん》）の子が興した国である。周公は、周王朝の開祖・武王《ぶおう》の弟であり、周の封建制を確立した人物だ。孔子の生涯については不明な点も多いが、周王朝と周公を自らの理想に据えていたことは確かである。つまり、氏族制社会に支えられた封建制に強い憧れを抱いていたのだ。

第1章で述べた通り、春秋後期には鉄の大量生産が可能になった。孔子の生きた時代には、分家筋が本家よりも豊かになり下剋上が起こり始めている。実際、魯では君主一族の家臣がにわかに力を持ち、魯公一族を脅かす勢いだった。これに孔子は危機感を抱いていたのである。

つまり、孔子が思想家となった背景には母国の弱体化があり、孔子の目標は母国の秩序の立て直しであった。孔子の思想を「封建的」だと批判する向きもあるが、そもそも周王朝時代の封建制度を再構築することこそ、孔子の願いだったのである。

そこで孔子は、人を愛する「仁」を重んじるよう説いた。人を愛するといっても、この愛は氏族制をベースにしたもので、異なる宗族の者に対しては向けられない。同じ宗族の者同士、仲良くしようよ、というのが仁である。

その仁の根本にあるのは「孝」という発想だ。孝という字は「心から父母に仕え従う」という意味を持つ。つまり、「親は敬われるべき存在である」という、誰にでも共感される発想をベースに、それを宗族全体にまで拡大し、宗族という「大きな家族」も大切にしよう、と訴えたのだ。

第1章で説明した通り、周の時代の封建制は国全体をひとつの宗族と見なし、皆が家長を敬うのと同じように、家臣に対しても君主への忠誠を求めるものだった。孝をベースに、国全体の秩序を取り戻そうというのが孔子の戦略なのである。

これが顕著に現れているのが「正名《せいめい》」だ。正名とは「君は君、臣は臣、親は親、子は子」という本来あるべき秩序を正すことである。それを行動の旗印に掲げると「大義名分」となる。かいつまんでいえば「分をわきまえろ、下剋上などもってのほか」ということだ。

では孔子は、君主に対しては何を求めたのか。

孔子の敬愛する周王は、統一を果たした前1046年頃から、「自分たちは伝説的な王（黄帝）の末裔《まつえい》だ」と喧伝《けんでん》していた。その伝説の王とは徳の高い人物で、善政を布いて民から慕われたという。周王は、祖先を祀るとき、その王を讃える詩を彫り込んだ青銅器を供えた。この詩は中国人に深く浸透して古伝承となり、のちに『尚書《しょうしょ》』や『詩経』といったタイトルでまとめられた。

孔子は、その『尚書』や『詩経』を経典《けいてん》として採用する。つまり、周王の先祖にして古代中国人が理想とした王を崇《あが》める書物の内容を、そのまま経義に採用したのだ。その根幹とは、「王は徳を持ち、民には礼を守らせて国を治めるべき」。つまり君主に対してノブレスオブリージュを説いたのである。民に対しては「子は親を、臣は君主を敬い、決してその秩序を乱すな。それが『礼』である」とした。

民族の古伝承を採用したことからもわかるように、仁や孝といった概念は儒家の専売特許ではなく、昔からの社会規範である。孔子は独創的な哲学者というより、古代中国で好まれた道徳観や慣習を言語化し、体系づけて復興した常識人といえる。

また孔子は、理想を一貫して過去に求める懐古主義者でもあった。孔子の有名な言葉「温故知新（故《ふる》きを温《たず》ね新しきを知る）」にある「故」とは、周王朝の良き時代のことである。

さて、全盛期の周王朝を理想とし儒家の開祖となった孔子は、どのような生涯を送ったのか。若くして魯の役人になったが、職務は牛馬の飼育が主だったため母国を去り、斉、宋、衛で遊説を行なったが登用は叶わなかった。52歳（一説には69歳）で再び母国の魯に戻り、ようやく政治に関わる役職を与えられた。晩年の孔子は儒教の経典を整理し、弟子の育成に務めながら73歳で没した。

孔子は存命中あまり高い評価を得られなかったようだ。儒家の思想は、孔子の孫弟子のあたりから各国に浸透し始めた。儒家として孔子に次いで著名な孟子が登場する時代で、ここから儒家の思想は次第に変化していく。

法家の思想は、奴隷階級の者でも軍功に準じて地位が上がることを定めた秦の軍功爵制からもわかるように、下剋上は当然という立場を取る。さらに、ローカル権力者が地方を支配し、君主の権力が制限された状況を打破することが商鞅の変法の目的だった。

それに対して儒家の説く「正名」は、このローカル権力者を擁護する。孔子が説いた儒家思想が浸透すれば、変化の兆しを見せている社会が旧態依然とした氏族制に逆戻りしてしまうのだ。理想を未来に求めて既存の秩序を壊した始皇帝や李斯が儒家を憎んだ理由は、ここにある。

孟子と荀子――下剋上を認めた孔子の弟子たち

孟子は孔子の生誕より180年ほどのちに生まれ、自ら「孔子の孫から学んだ」と主張していた。年齢的に考えて無理のある言葉だが、孟子が孔子の教えを継承して儒家の基礎を固めたことは確かだ。

しかし、孟子の説には孔子と明らかに異なる点もある。顕著な例が、下剋上の是認だ。孟子は、師にあたる孔子が「許しがたい行為」ととらえていた下剋上を、あっさり認めてしまった。すでに下剋上が頻発していた時代に生まれた孟子は、現実社会に合わせ、儒家の思想をアップデートしたのである。

詳しくみていこう。孟子の思想の中心が「性善説」であることは、現代でもよく知られている。人は生まれながら善の心を持っているので、仁・義・礼・智という儒家の尊重する徳に到達できる、と説いた。4つの徳のうち孔子は「仁」をもっとも重視したが、孟子は「仁義」を重んじている。

仁は血縁をベースにした愛情だが、孟子はそこに正しさを意味する「義」をドッキングした。君主は仁義に基づく「仁政」で国を治めるべきである、と説く。つまり、「正義」を打ち出すことで、家族的な親愛の情を共有しない者も含めて、人々をまとめ上げようとしているのだ。氏族制社会が緩み始めている以上、宗族に頼りきりにならないロジックが必要で、孔子の孝に代わるものは何か、というのが孟子の問題意識なのである。

また古今の王を、徳による仁政で国を治めた「王者」と、武力で制圧する「覇者」に分け、王者が覇者に勝ると結論づけた。

仁政を行なえば、民はおのずと王に従い、農夫も商人も勤勉に働き国が潤う。逆に徳のない政治を行なえば、民は従わず農夫も商人も他国に逃げ出す。これを王道政治という。「民本思想」と位置づけてよい。また、孟子は等しく土地を分配する井田制を説いたが、この思想は隋・唐時代の均田制や、毛沢東の人民公社運動にまで影響を与えた。

民本思想からは「易姓革命」の思想も導かれる。地上を支配する「天」は、自分の代理の「天子」に地上を支配させるが、徳を失った者が天子になったとき、天は国家に見切りをつける。そうなると、天命が革《あらた》まり、天子の姓（氏族）が易《かわ》って別の者が支配者になる、というのが易姓革命だ。

革命といっても、西洋のレヴォリューションとは違う。社会体制の変革は伴わず、あくまで支配者の一族が代わるだけだが、ここでのポイントは下剋上で即位した君主も正統化されることだ。ただの武力による下剋上は認めないが、徳のない君主から徳のある君主に代わる下剋上なら許されるのである。

このように、社会情勢を見ながら大胆に思想をアレンジしていくのが儒家の特徴だ。この柔軟性は一原理原則に忠実な法家と好対照をなしている。

もうひとり、孟子より60年ほど後に生まれたとされる荀子は、法家の李斯と韓非《かんぴ》の師でもあった。斉の襄王《じょうおう》や楚の春申君《しゅんしんくん》に仕えた荀子が説いたのは「性悪説」である。人は生まれながらに悪い心を持っているので、一生学び続け礼を身につけていくべきだ、というのが荀子の考えだ。

国の統治に関して、荀子は礼治国家を理想とした。礼に強制力を持たせたものが法である。李斯と韓非はこの部分に強い影響を受け、荀子のもとを辞したのちに法家の思想家となる。李斯が実現させた君主のもとでの法治国家は、儒家の荀子の願いでもあった。諸子百家たちはいくつもの学派に分かれながら、互いに交流して思想を取り込み合っていたのである。

王を気遣った者を処罰する法家

ここで改めて法家について考えてみよう。法家についてのまとまった史料に韓非が書き残した『韓非子』がある。そこに法家思想の厳しさを端的に表す話が載っている。

あるとき、典冠《てんかん》(冠を管理する官僚)が、酔って寒そうに寝ている君主を見た。風邪をひいたらよくないと思い、典冠は君主の上に衣を被せる。目覚めた君主は喜び、誰が衣をかけたのか臣下に聞くと、「典冠でございます」との答え。さて、君主はこの典冠をどう処したか。

答えは「死刑」である。典冠の職務は君主の冠を管理することであって、寝ている君主に衣をかけるのは越権行為である（侵官の害は寒さの害よりも甚だしい）、というのがその理由だ。

儒家は親を慕う気持ちをベースにしていたが、法家の思想には情も親切心も関係ない。縦割り社会のなかで自らの職務だけを行なわせる。それがどんな状況、どんな気持ちから生まれた行為であれ、自らの職務以外のことをすれば越権行為として処罰の対象となる。また自分の職務を怠った者も厳罰に値する。したがって、このとき罰せられたのは典冠だけではない。君主の衣服を管理する典衣も罰せられた。本来、寝ている君主に衣をかけるのは典衣の役目だが、それを怠ったからである。

法家は、自らの職域を越えること、職務を怠ることを決して許さない。なぜなら、ひとたび越権行為を許せば、やがて職掌を越えた権力を持つ者が出現するからである。縦割りの非効率（その結果、君主は風邪をひく）よりも、まずは越権による特定の臣下への権力集中を避けなければ、君主のもとに権力は集まらないのだ。

儒家は時代を逆戻りさせる

孔子は革新的な哲学を打ち立てたわけではないことを、先ほど述べた。事実、儒家は「孔子は起源ではない。先王の教えをまとめただけ」だとも言う。古来の習わしや善悪の感覚、宗教的なつながりを体系化、正当化し、社会を大きく変革することをよしとしない、現状追認型の思想が儒家である。

孔子の弟子の代から儒家は各国の政権中枢に入り始め、戦国時代中期には、諸子百家の中でもっとも影響力を持つようになった。これも儒家の思想が昔からある制度や慣習と適合的で、なおかつそれらを正統化する思想であることが大きい。

たとえば、儒家は父と父方の祖先をとくに敬うよう説く。これは中国の氏族制が父系だからだ。富裕層は一夫多妻だったため、母系社会になると誰が本家なのかわからなくなってしまう。儒家はそこで、父が偉いのだ、と正統化する。

さらに、親を愛するように君主を愛せ、と主張し、君主への忠誠心を作りだすことにも加担する。家長にとっても、地方のローカル支配者にとっても、国の支配層にとっても、自らの地位が保全される思想ゆえ都合が良い。先に、儒教が礼を大事にするのはなぜかと問いを発したが、礼とは日常のあいさつなどではなく、こうした社会秩序そのものなのだ。

始皇帝が儒家を目の敵にした理由が、はっきり見えてきたのではないか。法家思想を採り入れた秦は、共に生活を送る者たちをバラバラに分断し、知らない者同士をあたかも敵であるかのように相互に監視させた。そのときの攻撃対象は、周から続く氏族制社会であり、儒家が守ろうとしている秩序そのものだ。家長やローカル支配者といった上下関係の「しがらみ」から個人を引き離し、バラバラになったところを君主が直接支配するのが法家の理想である。秦が時間をかけて行なってきたこの事業を、儒家は壊してしまう。

道家の龐煖《ほうけん》、羌瘣《きょうかい》

ここまで見てきて明らかなように、そもそも儒家には統一という発想がない。各地でローカル権力者が無数に存在し、それぞれのしがらみのネットワークのもとで個人が生きる社会が想定されている。君主は徳に基づいた政治を行なえば良く、統一などする必要はない。諸国の協力が必要になったら、国家連合の枠組みの中でリーダーシップを取る者が出てくれれば良い。

一方の法家が理想とするのは中華の統一である。君主権の拡大が法家の第一目標である以上、複数の国が乱立するのではなく、単一の強大な権力者が中国全土を支配する体制が望ましい。現状でいかに無数の権力者が乱立していようとも、それらの排除を強く求めるのだ。目の前の現実から出発する儒家に対して、法家は原理原則から発想する、いわば0か1のデジタルな思想といえる。

繰り返しになるが、このような極端な思想で社会を動かしたことで、秦は歴史を数百年早めて中華を統一することに成功した。

法家以外に、統一に向けた意志を宿す諸子百家はない。法家が存在しなければ、中国はこれほど何度も統一されることはなかっただろう。仮に統一がなされたとしても、2000年もの長きにわたって繰り返されなかったはずだ。とするならば、法家は中国思想の中で生まれた突然変異なのか。このような極端な思想はどのようにして生まれたのか。

法家の思想的背景には「道家」がある。

現世のことを扱う思想が多い諸子百家の中で、道家は例外的な「宇宙論」だ。「道」とは世界の構成原理であり、宇宙や社会を成り立たせている原則を指す。「これ以上語ることができないもの」としてのXを道と呼んでいるわけだ。

つまり、道家に「人間はなぜ存在するのか」と問えば「道が人間を存在させている」と返答され、「宇宙はなぜあるのか」と問えば「道が作ったから」ということになる。道は論理的に措定されるもので、目に見えるものではない。日本人にとっては、武道、茶道というときの道を考えるとわかりやすい。それらは修練して極めていくものである。道家の書『老子《ろうし》』は、修行によって道に接近し、到達し、果ては道と一体になれると説く。

道家はこれまで見てきた諸子百家のような富国強兵のための思想はなく、人が人として成り立つにはなにが必要かを思索、求道していく哲学的な要素が大きい。

『キングダム』にもこうした求道者がいた。趙の龐煖。王騎《おうき》を倒したあの強烈な将軍である。龐煖が自ら「武神」と称し、神を「宿す」と語っているのは、武の道と一体化するという意味だろう。史実でも、戦国時代に実在した龐煖はまぎれもない道家である。若き頃、山奥に籠り道家の隠者のもとで学んだと伝えられる。

もうひとり、『キングダム』から登場してもらおう。蚩尤《しゆう》の出身で幼少期から超絶的な剣技を磨き、神を自らの身に「おとす」ことができる羌瘣も道家的要素が強いキャラクターと言える。

道家の始祖は老子ということになっている。老子の名前は日本でも有名だが、永らくその存在は確認されていなかった。謎の解答は20世紀後半に発掘された竹簡（『老子』）のなかに隠されていた。老子とはひとりの人物ではなく、老子学派ともいうべき複数の人々によって『老子』が形成されたことが、今ではその竹簡の研究によって明らかになっている。

神がかった武人として描かれている龐煖。史実でも「道」を追求した道家の人物だ（15巻）

「皇帝号」の背後にいる道家

法家では、君主が無限の権力を発揮できるのは、君主が「道」の体現者であるからと考える。したがって君主は絶対者であり、宇宙の主宰者だということになる。ゆえに君主によって施行される法は、無制限のものとなることが許されるのだ。

これは「皇帝」という称号にも現れている。

統一のあと、王に称号を改めるよう上奏したのは李斯である。李斯は当初、神話的な帝王の称号である天皇《てんこう》、地皇《ちこう》、泰皇《たいこう》のうち、もっとも尊い泰皇の称号を嬴政《えいせい》に勧めた。だが嬴政は、泰の文字を抜いて帝を入れ、「皇帝」とした。また初の皇帝として「始皇帝」と称し、以下二世、三世と続けていくことにした。

皇帝号のもととなった泰皇は原始道家の概念で、宇宙を支配する泰一神《たいいっしん》のことである。つまり、泰皇を名乗ることは、現世の君主が宇宙を主宰する絶対神になることを意味している。また王自身が選んだ「帝」とは、「上帝」という人格を持たない絶対神で、これも宇宙万物の総宰者という意味を持つ。

李斯は法家ではなく道家の思想に基づいて、秦王に新たな称号を上奏したことになる。これも法家の根拠となっているのが道家だからだ。道家が目に見えない世界の構成要素から発想する思想である以上、法家が現実を無視して世界のあるべき姿を志向するのも当然のことなのである。

『老子』に話を戻すと、道と一体になる方法として「無為」という態度が重視されている。無為とは人間の行なうさまざまな作為や実践を捨て去ることを意味している。外部から知識や論理を蓄えていくのではなく、逆に自己の内部から雑多なものを排除していくことで無為にいたる、と『老子』は説く。

始皇帝となった嬴政も、道と一体になろうとしていた。道が持つ万能の能力を得た得《とく》道者《どうしゃ》は、道が生命を養うため不死身になれるという。

道家の思想に傾倒した始皇帝は、「不老不死」を理想とするようになった。不老不死を求めることに専念する者は、道家ではなく「方士（神仙思想家）」と呼ばれる。始皇帝は方士たちに不死の霊薬を探すよう命じた。そのひとり徐福《じょふく》は、霊薬を求めて日本にやってきたとも伝えられ、今も日本の各地に徐福伝説が残っている。しかし、誰も不老不死の霊薬など見つけられはしなかった。

一方、統一中国の統治も難航を極めた。法家支配をそのまま全国に拡げ郡県制を布いたものの、依然として氏族制が根強く残る旧六国は厳罰主義についていくことができず、反発の動きが拡がった。

これに対して、始皇帝がどう考えていたかは史料に残されていない。統一後の始皇帝は、不老不死や巨大な宮殿、巨大な陵の建設に執着し、国の統治にはさほど関心がなかったように見える。

あれほど中華統一に情熱を捧《ささ》げた始皇帝だが、夢に描いていたのは統一の「達成」まで であり、統一の「維持」ではなかったのかもしれない。もとより、全土を法家の思想のみで押さえ込もうという施策は無謀に過ぎた。統一へ向けて国内のすべてのリソースを戦争での勝利に投じる法家は、平和になった国の維持には向いていない。中国史上初めての中央集権国家・秦は、帝国が成立したとき、すでに崩壊の芽を宿していたのである。

終章となる第5章は、始皇帝の死と秦の崩壊から始めよう。しかしこの終焉は、秦の完全なる消滅を意味しない。始皇帝の理想は、漢帝国の皇帝と官僚によってよみがえり、その後の中国大陸で2000年にわたって影響を与えた「国家モデル」に結実していく。始皇帝がいなければ現代中国もないと言えるゆえんを説明しよう。

桓騎《かんき》軍のような略奪は普通だったのか

物語の中の「悪役」は、ときに正義のヒーローより魅力的だ。『キングダム』でいえば、野盗の親玉だった桓騎が、秦軍内部でギラリと光るダークヒーローぶりを見せてくれる。ひと癖もふた癖もありそうな部下たちを率い、正規軍とは思えないセオリー無視の戦いを続け、連勝を重ねる桓騎。

大将でありながら敵の本陣に潜入して難敵の首をとったり、敵の兵士に成りすまして奇襲を仕掛けるなど、型破りな戦法も魅力的だ。だが、あの残虐な略奪行為だけはいかがなものか。

ご想像の通り、古代中国ではこうした行為も珍しくなかった。とりわけ秦軍には残虐行為が目立ったと思われる。それをうかがわせる描写が史書に残っている。

秦では軍功を挙げた者に爵位や領地を与えていた。統一後に各県に派遣された官僚にはこうした「軍功地主」だった者も含まれていて、彼らは自分の土地で残虐行為を行なったと『史記』には記録されている。范陽《はんよう》というエリアでは「人の父を殺し、人の子を孤（孤児）にし、人の足を断ち、人の首（顔）を黥《いれずみ》すること、勝《あ》げて数うべからず」とある。

漢代に成立した『史記』は儒教的価値観で書かれているので、法家や秦についての記述は割り引いて読まなければならないが、それにしても凄まじい。自分の任地でさえこうなのだから、戦争に勝利した喜びの中、敵国で行なう略奪は相当なものだっただろう。

このような軍功地主は当然、民からは反感を買い、秦帝国の崩壊を早めることにもつながった。戦で手柄を立てることがすべて。そんな制度で長年戦を続けてきた秦の兵士たちは、残虐な行為もいとわない集団になってしまったということなのか。

いや、秦の兵士たちばかりではない。秦を滅ぼした側にも残虐な略奪者はいた。秦の都・咸《かん》陽《よう》を攻め落とした楚の猛将・項羽である。項羽は始皇帝が建てた豪華な宮殿・阿房宮《あぼうきゅう》から美女や財宝を略奪し、最後は火を放ったという。項羽の配下たちも咸陽中で略奪や無意味な殺戮《さつりく》を行ない、咸陽は町ごと燃え落ちた。

史書を彩るのは勝者の記録だが、やはりその裏にはこうした残虐行為も相当数秘められている。

ここで大人の戦いを覚えていけ
飛信隊《ひしんたい》
(41巻)

第5章　理想のゆくえ

なぜ中国は統一され続けたか

ここで今一度、「はじめに」で述べた疑問に戻ってみよう。

現代日本人は、中国が広大な領土と膨大な人口を有する国であることを、当たり前のこととして受け止めている。しかし、歴史を紐解《ひもと》いてみれば、中国が人類史上ひじょうに稀《まれ》な国であることに気づく。

あれほど広大なエリアが、2000年近く繰り返し統一されているのは、世界広しといえども中国だけである。ヨーロッパではローマ帝国が崩壊したあと、これに匹敵する大国は二度と生まれなかった。

中国人が人種的に均質だからだ、という反論は成立しない。進化生物学者、生物地理学者のジャレド・ダイアモンドは、モンゴロイドとして一括《ひとくく》りにされる中国人は、スウェーデン人とイタリア人とアイルランド人よりも多様な違いが見られる、と指摘している。北部と南部では遺伝的特性も異なるという（『銃・病原菌・鉄』下巻、草思社文庫）。

気候も南北でまったく異なり、食文化も大きく違う。地域ごとに気質や文化にも大きな差がある。

つまり、人種、文化、環境、いずれの面から考えても、中国大陸では複数の国が乱立している状態が自然なのだ。ところが歴史上、秦が統一を果たして以来、何度国が滅びてもそれに代わる統一帝国が現れ、一部の例外期間を除いて中央集権国家が維持されてきた。

ダイアモンドをはじめとする多くの人は、この謎の答えは自然環境にあると見ている。最初に統一王国が生まれた中原には山脈もなく、広大な平野が拡がっている。そのうえ、黄河や長江といった大河が存在し、古代にふたつの河を結ぶ運河が作られたことで、文化や技術の伝播が促進された。要するに、東西南北の交易が盛んになり、軍隊の移動も容易だったために、何度も統一されたのだという見方だ。

しかし私はこの意見に不満がある。たしかに、地図上で見る中原は平野のようだが、実際は山がちな地形も相当多い。加えて、統一されたエリアには中原以外の峻嶮《しゅんけん》な山岳地帯が含まれている。軍隊の移動が楽だから繰り返し統一されたというなら、これらの地域は除いて統一事業を終えるのが自然だろう。しかし、歴代国家は平らな中原だけ

秦・漢・隋の領土

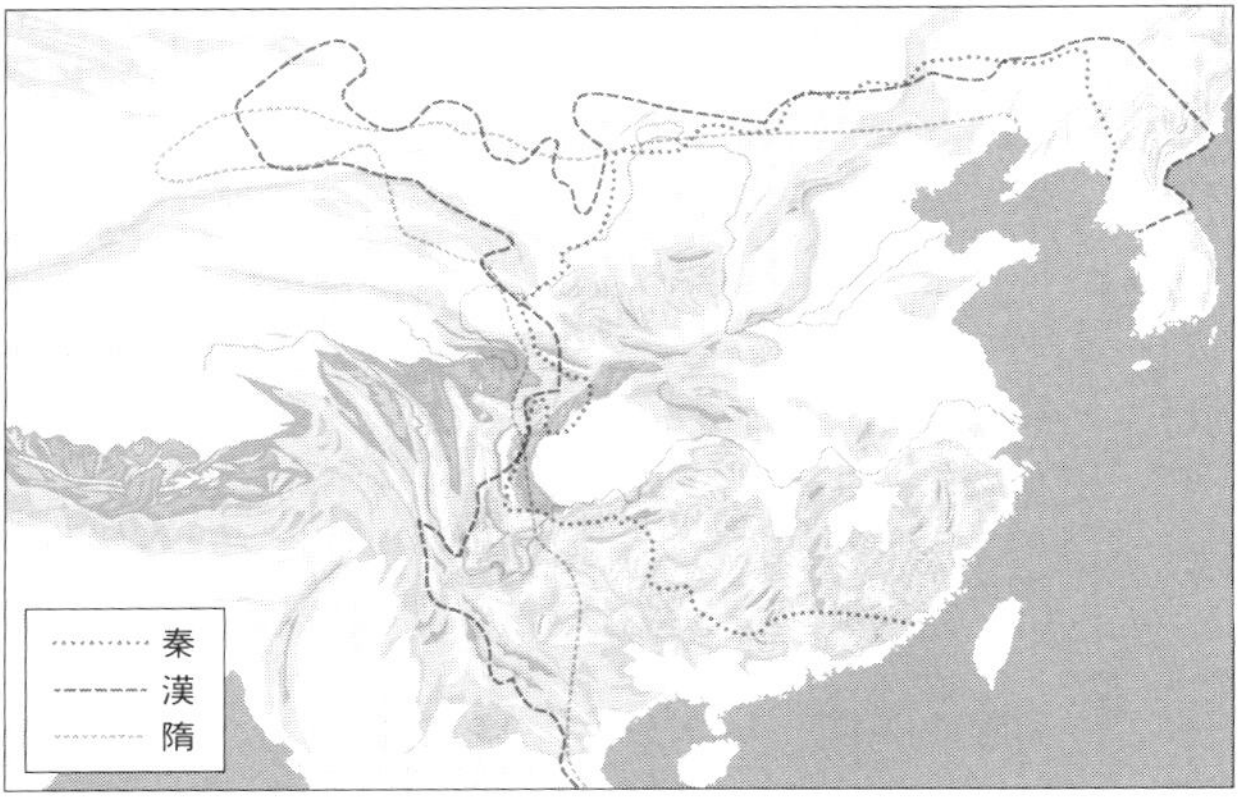

秦（前221年〜）・漢（前202年〜）・隋（581年〜）の統一時の領土。中国は平らなため何度も統一されたと主張する人は多いが、地図を見れば、山岳地帯も含めて統一され続けていることがわかる

では満足せず、執拗《しつよう》なまでに険しい山々を乗り越え、山岳地帯も含めたエリアも手中におさめようと手を尽くすのだ。

『三国志』を思い浮かべると良い。魏も蜀も、すでに領土としては十分な場所を得ている。それぞれの地域を富ませていくことに集中すればいいのに、なぜか民に多大な負担を強いて、出兵を繰り返すのである。

また、中国の統一にはもうひとつ奇妙な点がある。基本的に、新しい国が興って支配者が代わっても、統治のシステムは不変なのだ。広大な領土を効率良く治めるなら、地方は領主に任せるのが普通だが、あくまでも地方自治を許さず、困難を伴う中央集権型統治を徹底するのである。ほかの国では決して見られない中国のこのような特徴は、なぜ生まれたのか。自然環境という説明からは、この疑問に対する回答も得られない。

実は、これらも法家と始皇帝の統治に淵源がある。

結論から言えば、秦の後に興った漢の時代に、「古典中国」ともいうべき国のモデルができあがったのである。以後の統一国家はその規範を参照し続けたために、国の骨組みは変わらなかったのだ。

では、始皇帝の統治を漢はいかにアレンジし、2000年を超えてもサビつかないものとして完成させたのか。そして、なぜ後世の国はその古典中国モデルに縛られ続けたのか。

それを説明する前に、始皇帝の最期と秦の終焉を見届けなければならない。

八　秦の崩壊と漢のハイブリッド統治

難航した六国支配

わずか10年足らずで六国すべてを滅ぼした秦は、早急に全土を秦の法で支配すべく郡県制を布き、中央から一代限りの官僚を派遣した。統一前の秦と同様、地方有力者の力を削ぎ、皇帝の意志で全土が支配されるようにしたのだ。

しかし、秦とは文化も習慣も異なる旧六国は強い抵抗を見せた。もっとも激しかったのは、やはり氏族制が色濃く残る大国、楚であった。

楚は紀元前11世紀頃の建国以来、一度も下剋上が起こらず、王の血縁者だけで国を動かしてきた。そうした中で、秦の法家に基づく支配が行なわれた。1000人以上もの王族にとってみれば、縁もゆかりもない官僚が秦から送り込まれ、自分たちは没落して秦法の厳守を強いられ、容赦なく税を取り立てられたのだ。秦への恨みを募らせるのも当然だろう。

一方、前章で触れたように、統一後の嬴政《えいせい》は巨大化した国の統治よりも、むしろ自らの宮殿造りや不老不死の霊薬探しに心が傾いていたように見える。六国制覇という宿願を果たしたあと、関心が自らの未来へと向いたのは、身体になにかしら異変を感じていたからかもしれない。統一帝国の頂点に立ってからわずか11年後、嬴政は巡遊の途中で病を発し、崩御する。不老不死を求めた嬴政の人生は、49年で幕を閉じた。

二世皇帝には長子の扶蘇《ふそ》が就くはずだったが、嬴政に仕えていた宦官《かんがん》・趙高《ちょうこう》が嬴政の遺詔（遺言書）を改竄《かいざん》し、末子の胡亥《こがい》を擁立した。趙高は嬴政が即位したときから、同年代の宦官として王に仕えていた。『キングダム』にも若き日の趙高が登場したのに気づいただろうか。趙姫《ちょうき》（太后）に従い、嫪毐《ろうあい》の国で行政官としての手腕を発揮していたが、なんとも気弱そうな人物造形がなされている。

史実の趙高は、能力のない弟の胡亥を皇帝に仕立て意のままに操ろうと目論《もくろ》んだ。まず、北方の地にいた兄の扶蘇には偽の勅書（皇帝の命令書）を送り、自害させる。李斯《りし》

史実の趙高には謎も多く、出身やなぜ宦官になったかは明らかではない。悪逆非道の限りを尽くした人物とされるが、この先どのように描かれていくのだろうか（38巻）

はじめ趙高の企みに加担していたが、胡亥の陰で全権を握った趙高によって処刑された。

始皇帝と李斯を失った秦が機能的に動けるはずもない。趙高は国のあり方、行く末など一顧だにせず、ただ私腹を肥やすことしか頭になかった。このように秦の滅亡は王宮から始まろうとしていたが、同時に外部からも火の手が上がった。

きっかけは、徴兵されて国境警備に駆りだされた陳勝《ちんしょう》、呉広《ごこう》という楚の農民ふたりによる反乱である。陳勝と呉広は900人の同郷者を引率して任地へと向かったが、道すがら大雨に見舞われ、到着の期日に間に合いそうもなくなった。

秦の法に照らし合わせれば、遅刻はいかなる理由があっても死刑に値する。秦に統一された国々には秦の法がそのまま布かれ、国民は分異の令、什伍《じゆうご》の制など厳しい法に苦しめられていた。

このまま数日遅れで目的地に着いても、待ち受けているのは死刑だけ。そう悟った陳勝と呉広は、引率していた者たちに決起を呼びかけ、事を起こした。

項羽《こうう》と劉邦《りゅうほう》

興味深いのは、陳勝・呉広の乱が900人というごく小規模な反乱に過ぎなかったことだ。秦は500万の兵が動員できたのである。わずか1000人足らずの反乱など、巨大帝国にとって即座に鎮圧できる規模だったはずだ。

にもかかわらず、これが秦滅亡につながったのは、反乱を受けて旧六国の有力者たちが同時多発的に蜂起したからだ。秦による統一から10年あまりの時を経ても、支配者層の解体が順調に進んでいなかった証《あかし》でもある。

なかでも楚の王族たちは、自国の農民が起こした反乱に奮い立ち、続々と挙兵した。彼らの悲願は楚を復活させ、アメとムチで人を縛る法家の世から、揺るぎない氏族制社会へ戻すことであった。

秦との戦いで散った楚の項燕《こうえん》将軍の孫・項羽も親族とともに戦場へ赴いた。項羽こそ祖父の敵を討って秦を滅ぼす人物で、自ら「西楚の覇王」を名乗る。覇王という称号からは東周の王を支えた覇者を想起させ、項羽がまだ氏族制にどっぷり浸《つ》かった人物であったことが窺《うかが》える。項羽はまた、「中国最強」と呼ばれるほどの武芸を誇った人物とも伝えられる。しかし、一時は同盟を組んでともに秦軍に相対した劉邦と袂《たもと》を分かち、最終決戦に敗れ、自害した。

ちなみに、その劉邦も楚の出身である。楚は氏族制が強く、王のもとに権力が集中していなかったことはすでに述べた。楚は秦以上の国力と兵力を擁していたが、指揮系統が分散していたため、王の意志のままに動く秦の兵に敗れたのだ。その17年後、項羽・劉邦と、分散していた力が「アンチ秦」という一点で結集したとき、楚は秦に勝利したのである。

秦を倒した項羽がのちに劉邦に敗れたのは、捕虜を大量虐殺する残虐な性格と、統率力と人望の欠如ゆえ、とも伝えられる。かたや項羽を倒して漢の初代皇帝となった劉邦は、庶民階級から玉座に上り詰めた人物だが、項羽とは対照的に人望が厚かった。

劉邦のもとにはのちに「漢の三傑」と呼ばれる人物が集った。そのうちのひとり、大将軍の韓信《かんしん》はもともと項羽軍の兵士だったが、そこでは才能が活かせず劉邦のもとにやってきた。劉邦軍での韓信は優れた戦術で次々と功を挙げて一兵卒から漢軍の大将軍に就任し、劉邦の中華統一に大きく貢献する。

当時、各軍は揃って兵家の孫子がまとめた『孫子』の兵法を参照して戦っていたが、韓信は孫子の兵法を逆手に取るトリッキーな戦術を好んだ。もっとも有名な例は、「退却できなくなるので川岸に陣を布くな」という孫子の言葉を裏返し、川岸に陣を布き、そこに敵を誘って勝利した戦いである。わざと水際に追い詰めて兵士の底力を引き出すこの戦術から「背水の陣」という言葉が生まれた。

韓信軍を含む漢軍全体の戦略を練っていたのは張良《ちょうりょう》である。韓の国で代々宰相を務めた名家の出である張良は、自国を滅ぼした秦を憎み、勇士を雇って始皇帝暗殺を試みたこともある人物だ。そののち多くの将軍に自らの兵法を説き、その策を素直に受け入れた劉邦に仕えた。

三傑のうち残る蕭何《しょうか》は劉邦と同郷の小役人で、戦においては後方支援を、平事においては行政を見事にこなした。漢を打ち立てたあと、劉邦が秦と同様の中央集権型の支配を回復できたのも蕭何の機転による。秦の都だった咸陽《かんよう》は項羽によって丸ごと焼け落ちたが、火のなかをかいくぐり、阿房宮から国の統治に欠かせない全国民の戸籍書類を運びださせたのが蕭何だった。中央集権国家の運営には、何よりもまず戸籍の把握が必須であることを、蕭何は役人としてよく理解していたのだ。

劉邦のハイブリッド統治「郡国制」

劉邦は秦の蹉跌《さてつ》の理由を見抜いていた。もともと氏族制が弱かった秦ですら、変法実施時には強い反発が起きた。秦は統一後、全国で法家型統治を布いたが、氏族制が強かった地域にはなかなか浸透しない。とりわけ旧楚や旧斉といった地域に中央から官僚を派遣して支配することは困難を極めた。統一後10年余を経てなお、秦の郡県制による中央主権システムはうまく稼働できないままでいた。

そこで劉邦が選んだのはハイブリッド型だ。旧秦のように氏族制が弱体化している地域には中央から官僚を派遣する郡県制を布き、これまで通り什伍の制で厳しく管理する。一方、氏族制が強く残っている地域には「国」という名称を用い、そこには劉邦の親族や軍功を挙げた臣下たちを、王として封建した。

ある地域を王として支配すれば、領内の税額も自由に設定でき、中央に税を納める必

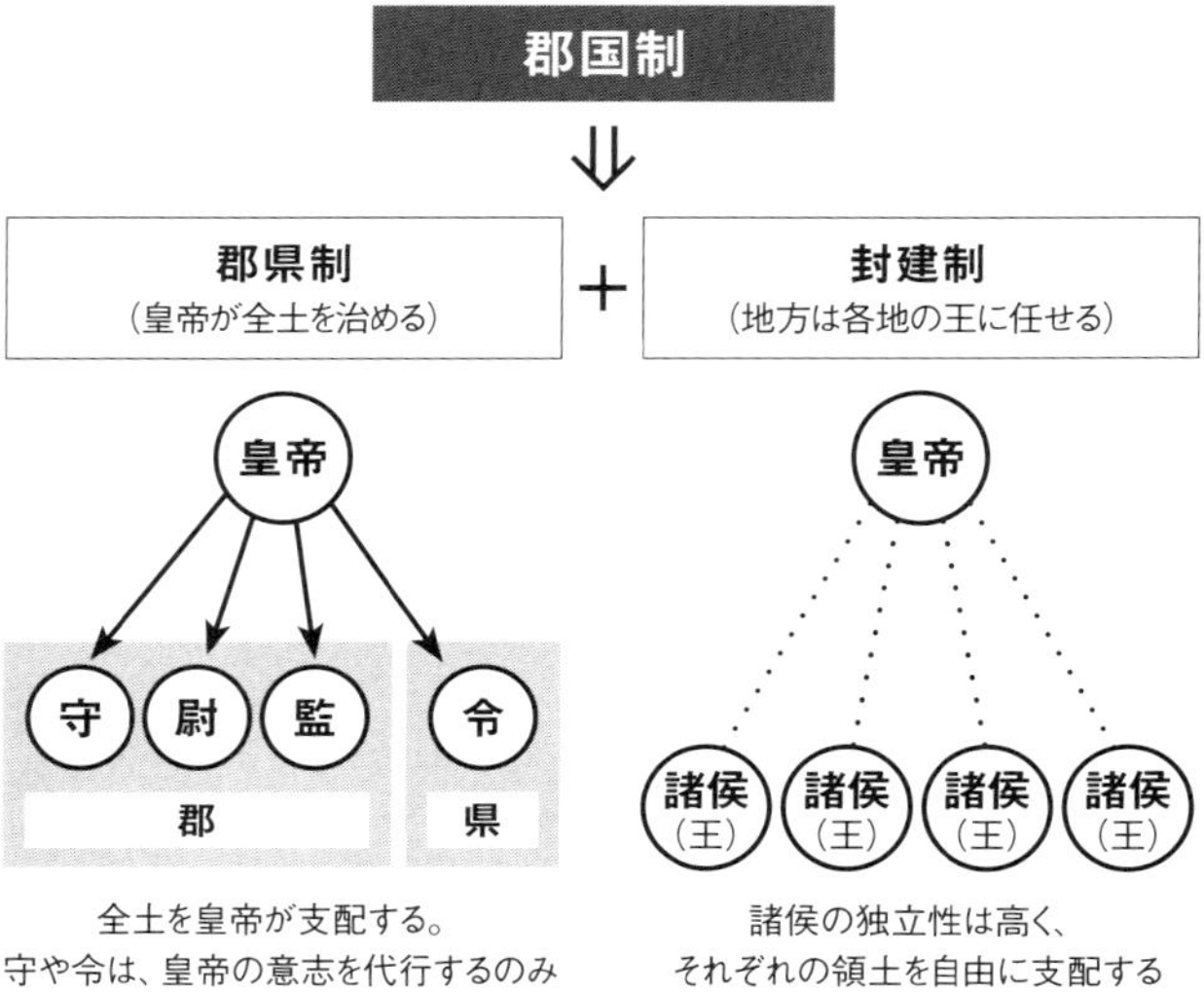
郡国制
郡県制
(皇帝が全土を治める)
封建制
(地方は各地の王に任せる)
皇帝
守
尉
監
令
郡
県
全土を皇帝が支配する。
守や令は、皇帝の意志を代行するのみ
皇帝
諸侯(王)
諸侯(王)
諸侯(王)
諸侯(王)
諸侯の独立性は高く、
それぞれの領土を自由に支配する

郡県制
(旧秦の領土)
封建制
(旧六国の領土)

要もない。その土地に昔からのローカル権力者がいれば、税金免除などの便宜を図り、地域事情に詳しい彼らを活用することもできる。そのようにすれば相手も反発せず、こちらに協力的になることも期待できよう。

こう説明すると、まるで秦の統一前の、七国が割拠する状況に戻ってしまったように見えるかもしれない。たしかに以前のように、王となった者は中央の意向を気にすることなく自らの領土を自由に支配できた。おまけに王の位は世襲だ。各地で劉邦を脅かす地方勢力が生まれかねない制度である。

それでも、劉邦は百も承知でこの制度を選んだ。劉邦が理想としたのは秦と同じ中央集権型の統治だったが、即座に郡県制を布くのは時期尚早と考え、「郡―県」を置く中央集権体制と、「国―県」を置く封建制が並列するハイブリッド型を編みだしたのだ。

劉邦が採ったこの制度を「郡国制」という。性急に過酷な制度を施行して人々の強い反発を受けた秦の轍《てつ》を踏まぬよう、しばらくは地域に即した統治を弾力的に行なったのである。

だがしかし、封建地域をいつまでも残したままにすれば、やがて力をつける諸侯が生まれ、またしても国が不安定になる。そこで劉邦は、任地にまったく縁のなかった者を新しい王に選んだ。土地の有力者と血縁的なつながりのない者を王として送り支配させ、時が経ってその土地が落ち着いたら中央集権型にシフトしていく、二段階の政策を採ったのである。

始皇帝の理想を実現した武帝

郡国制でゆるやかにスタートした劉邦の漢は、6代目の景帝《けいてい》の時代になると当初から目指していた中央集権国家へと近づく。劉邦の統一からおよそ50年後のことである。

しかしその間、漢が平和に治められたわけではない。それどころか、建国間もなく、大きな危機にさらされている。北方から攻め込んできた匈奴《きょうど》に大敗し、劉邦の養女を匈奴の嫁にすることや、毎年絹や酒食を贈るなど、屈辱的な条件を突きつけられたのだ。劉邦はこれを飲んで匈奴と和睦した。たとえ匈奴に屈する形であれ、一旦武器を置き、長年の戦いで疲弊しきった民を休息させる方策を選んだ。

景帝の時代にも危機は訪れた。封建された諸侯のうち、地方で巨大な力を持つにいたった者たちが結託し、漢に反旗を翻したのである（呉楚七国の乱）。これを鎮圧すると、景帝は郡国制を大きく変え、中央から一代限りの官僚を派遣するようにした。まさしく秦の郡県制そのものである。

それまでは王が自分の国に住んで地域を支配していたが、それは官僚に任せ、王は都に留まらせることとした。王は都で優雅な生活を送りながら、官僚が税を取り立ててくれるのを待つ。一見、王を優遇するようだが、領地から遠い都に押しとどめ、ローカル権力者との関係を断ち、現地での実権を削ぐための制度である。これが全国に拡がると、いよいよ漢も秦のような中央集権国家としての再スタートを切る。

漢が中央集権国家となったのは、景帝を継いだ7代目皇帝の武帝の時代である。劉邦が国を興したときには国土の3分の2を占めていた封建領土はほぼ消滅した。武帝は漢の領土すべてを支配するにいたり、武帝個人に強大な権力が集中した。

そのパワーを背景に、武帝は建国の祖・劉邦が苦しめられた匈奴を破った。中国全土を支配した始皇帝が匈奴を追い払い、3分の1のみの支配に留まった劉邦が敗れ、再び全土を支配した武帝が討伐に成功したことを考えると、中国大陸全域を支配することがどれほどの力を生むのかがよくわかる。

さらに武帝は、東は現在の北朝鮮から、西はウズベキスタンまでを征服し、前漢最大の版図を実現した。秦の始皇帝が夢にまで見た、真の意味での統一は漢の武帝によって完遂され、その余波は周辺諸国にまで及んだ。

旧六国も含めて、中国で氏族制社会が終わったといえるのも、前100年前後の武帝期である。ただし、それは始皇帝の郡県制と劉邦の郡国制によって氏族制の解体が早まった結果、統一国家にようやく社会が追いついたのだ。戦国時代は氏族制社会が緩み、少しずつ解体されていった時期にあたるが、中国に法家の思想が生まれなかったら、あるいは生まれたとしても法家を採用する国がなかったなら、氏族制社会が完全に終わるのは紀元0〜200年頃になったと思われる。本書第1章の冒頭で、統一は本来、紀元0〜200年頃になったと考えられると述べたが、それはこうした点を踏まえてのことだ。

儒家の復活

思想面では、この頃から儒家の思想が急激にクローズアップされてくる。儒家は武帝によって重んじられ、後漢期には「儒教」として国教化されるまでにいたる。

では、武帝までの60年ほどの期間、漢はどのような思想で治められていたのか。それは「黄老思想」である。黄老思想とは道家の一派で、名称は黄帝《こうてい》と老子《ろうし》からつけられた。黄帝とは中国の伝説上の存在で、老子は第4章で解説した道家の始祖と言われる存在である。

黄老思想は、道が万物の源という道家と、法をひじょうに大事にする法家、ふたつの思想を併せ持っている。漢の劉邦は黄老思想に傾倒し、儒家を嫌っていたという。法家を重んじて儒家を憎んだ始皇帝と似ているように見えるが、劉邦の統治は始皇帝に比べてはるかにゆるやかで、かつ現実的だった。

ただし、社会が混乱しているとき、黄老思想に立脚していてはなかなか秩序を回復しづらい。政治問題が起きても、君主はゆったり静観することをよしとするのが黄老思想だからである。

これに対して官僚として登用されていく儒家たちは、経典を再編成し、皇帝の権力を強化する方向へ経義を変更させていった。

たとえば景帝の父の文帝は、専横を振るった呂后《りょこう》（劉邦の正妻）を打倒する際にほとんど活躍しなかった。それでも即位できたのは、文帝の実母の一族が弱体で、外戚が力を持つ心配がなかったからだ。そのような即位の正統性に乏しい文帝に対して、儒家は、「母は子をもって尊し（子供が偉くなれば母親の地位も上がる）」として、それまでになかった考えを後づけして経典に加え、母の出自が卑しい文帝の即位を正統化した。儒家は社会の流れを見て思想を変化させ、ときの権力者に近づき、正統化の論理を提供したのである。

また、儒家の官僚は、徐々に法家のエッセンスも取り込むようになっていく。儒家にはもともと統一の発想も、中央集権を認める論理もない。統治には、儒家だけでは限界があり、法家のプラグマティックな思想も必要だと考えたのだろう。

中国は漢代以降、長らく「儒教の国」でありつづけていると思われている。しかし、それは法家を取り込み、変質した儒教なのである。この「法家を宿した儒教」は、わずかな例外を除いて、清代にいたるまで中国の公式イデオロギーの座にあった。

バランス感覚に秀でた現実主義者・騰《とう》
～秦はどのような支配を行なうべきだったのか

第3章のコラムで言及した通り、楚は黄河文明を継ぐ「中華」とは異なる文明圏の国だった。人の気質や制度も異なるのに、統一後の秦はどの国も一律の法で支配しようとしたため、民衆からも旧支配層からも反発を受けた。

ただ、その中で例外的に支配がうまくいった可能性があったエリアがある。楚が都をおいていた郢《えい》を含む一帯「南郡」だ。『三国志』に詳しい人なら、荊州《けいしゅう》のあたりというとピンとくるかもしれない。南郡長官としてこの地域に派遣されたのが、『キングダム』で王騎《おうき》軍を引き継いだ将軍、騰である。史実の騰は六国平定後、行政官になった。

1975年、湖北省にある秦時代の墓から出土した「睡虎地秦簡《すいこちしんかん》」という竹簡群に、騰の言

（26巻）

葉が記されている。役人の心構えを記した箇所には、「民の実情を把握せよ」「民の習俗を変えることに慎重であれ」といった言葉が並ぶ。つまり、騰は厳格な秦の法をそのまま適用することをよしとせず、その土地の実情に応じて、弾力的に運用するよう指示していたと読み取ることができる。

秦が15年で滅んだのは、地域の実情、習俗を無視して一律に法を布いたことに一因がある。「信賞必罰」のみで人を縛ろうとして、反感を買ったのだ。

では、秦は旧六国をどう治めるべきだったかといえば、まさしく騰のような態度が必要とされたのではないかと私は思う。法治が多くの人々に理解されるまで、法は地域に応じて運用されなければならなかったし、適度にローカル権力者の便宜を図り、彼らの協力を得て支配するべきだったのではないか。

しかし、それには現場の人間を信用し、彼らに裁量を与えなければならない。果たして始皇帝は、人を信じて物事を任せることのできる性格だったのか。アメとムチ以外のマネジメント力を持った人物だったのだろうか。

騰は行政官としても、抜群のバランス感覚を持った現実主義者だったといえる。と同時に、中央の意向に反することを堂々と実行できたという点で、始皇帝の信頼も厚かったとみるべきだろう。騰のような人物が大勢いたならば、秦はこれほど短命で終わらなかったのかもしれない。

九　古典中国モデル

古代帝国が2000年続いた中国の不思議

中国は人類史上、稀有《けう》な国である。秦以降の2200年の歴史の中で、統一されていなかった期間は魏晋南北朝の370年間と、五代十国の54年間。統一国家交代のわずかな期間を除き、分裂期は基本的にはこれだけなのである。

しかも、統治機構が内部から崩壊し、強力な地方政権が出現する——という形で国が滅んだことは、清朝崩壊時を除いては起きていない。きっかけは概《おおむ》ね農民反乱や異民族の侵略だが、国を倒した反乱軍や異民族のリーダーが作るのは、自分たちが打倒した国とほとんど制度上の変化がない郡県制的な中央集権国家だ。新しい国を作るなら、時代に即した新制度を設計すればよいはずだ。しかし、そこから決して手を付けないのが、中国の歴代帝国なのである。

始皇帝によって統一されるまで、800年にわたって根強く支持されていた封建制は、基本的には復活しなかった。世界的に見てこれはひじょうに珍しい現象だ。ほかの国では、ひとたび中央集権国家ができたとしても、分裂状態となり、そこから封建制が続くのが普通なのである。

秦以降の歴史

年	王朝
前221	秦
前202	前漢
8	新
25	後漢
220	三国
265	西晋
317	東晋　五胡十六国
439	南北朝
589	隋
618	唐
907	五代十国
960	宋
1279	元
1368	明
1644	清
1912	中華民国

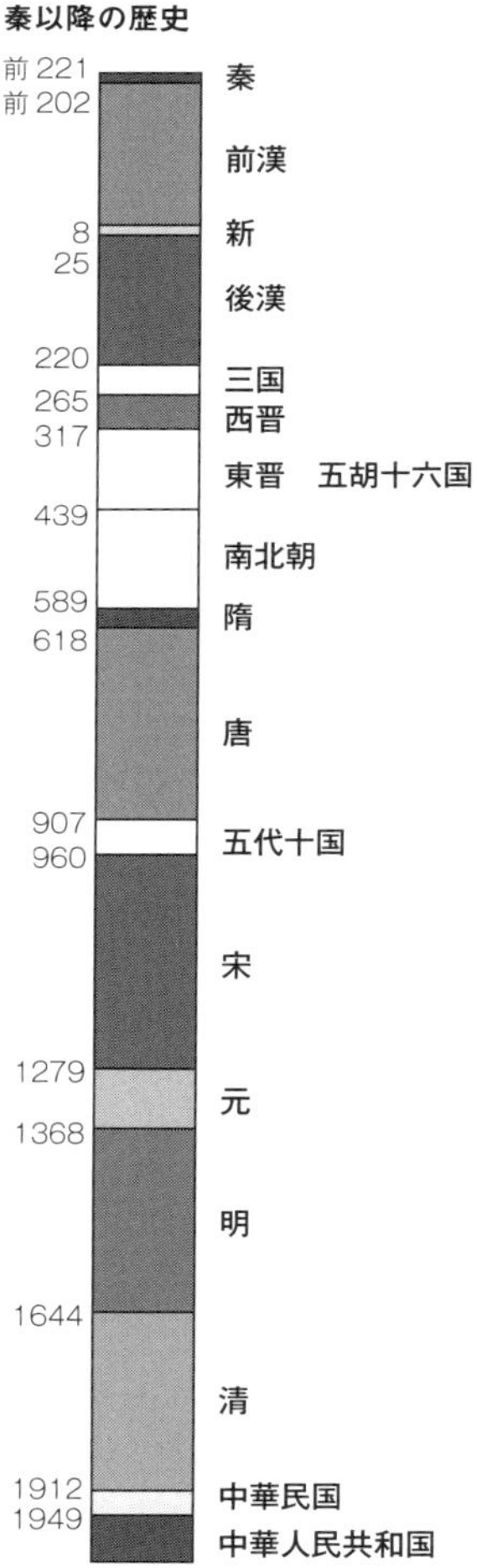

ローマ帝国はアウグストゥスの時期に一度は中央集権的な体制になるが、100年もしないうちに属州の総督が反乱を起こし、領主化する。中央政府はさまざまな手を打つが、結局のところ元の統一には戻らず、コンスタンティヌス帝の後には封建国家に進んでいく。

あるいは、古代インドを代表するマウリヤ朝は、始皇帝による中華統一の50年ほど前にアショーカ王がインド半島の大部分を支配するが、それも30年あまりで地方有力者が自立し、崩壊していくのだ。

遠い任地にいる者と密なコミュニケーションを取ることが難しい以上、その地のことは一任する封建制を取る方が楽なはずだ。しかし、中国では、権力はひとりの人間に集中されなければならないという思想が共有され、実現のための制度が維持され続けてきた。ほかの国ではずっと失敗し続けてきた困難なプロジェクトを、中国はなんとか成立させてきたのである。

例外がないわけではない。南北朝時代の、鮮卑《せんぴ》という異民族が建てた国家「北魏」は、氏族制にきわめて近い部族制国家を作り上げる。だが華北を統一して北魏を打ち立てた鮮卑族は、30年ほど経つと徹底した「漢化政策」を行なって中国式の国作りを進め、従来どおりの郡県制的な中央集権システムに戻してしまった。

また、北魏の2代あとに成立した北周は封建制を布くが、25年で滅びてしまう。

モンゴル人が建国した元のみが、最後まで「漢化」せず、封建的な国であり続けた唯一の国である。元が崩壊するまで、ダルガチという鎮圧官が武力によって行中書省による領域支配を支え、地域ごとに裁判が行なわれる封建的体制が１００年ほど続いた。その間、文書行政は、他の中国国家ほど厳格には行なわれなかった。

しかし、その代わりに元は大きな代償を払っている。元は世界帝国であり、中国史上もっとも強大な軍事力を誇っていたにもかかわらず、中央政府は中国の民からほとんど税を取れなかった。元の収入は、塩の専売による利益が、多いときで8割にも上っていた。封建制では中国人をうまく支配できないのである。

中国は、古代に生まれた統一帝国がずっと続いていた不思議な国。私はそのような印象を持っている。

大一統、華夷秩序

なぜこのように、繰り返し同じ体制の国が作られるのか。それは、漢の時代に、徐々に「古典中国」ともいうべき「国のモデル」が整えられ、そのモデルが新国家樹立のたびに参照されたからである。

何度壊しても同じシステムを求めるのは、それがよほど優れているということなのだろうか。詳しく見ながら考えていこう。

古典中国モデルの特徴は、①大一統、②華夷秩序、③天子である。

①大一統とは「統一を大《たつと》(尊)ぶ」、つまり中国は分裂していてはならず、統一されていなければならない、という意識のことだ。これは強力な異民族が周囲に存在しているために醸成されたものである。複数の国に分裂していては、異民族が中華に攻めてきたとき打ち払えない。

そのためには、できる限り皇帝が強力なリーダーシップを発揮できる体制を作る必要がある。領土の一部しか直接支配できなかった劉邦が、匈奴《きようど》に屈せざるをえなかったことを考えても、安全保障上、封建制には決して戻してはならないのだ。皇帝が各地に官僚を派遣する郡県制的な中央集権支配は、こうして正統化され、維持される。

　では、大一統の範囲はどのようにして決まるのか。そこで出てくるのが②華夷秩序だ。これは儒教・漢字文化を持つものを「中華」、持たないものを「夷狄《いてき》」とし、中華を上位に置く世界観である。

　夷狄は儒教的価値観を持たず、したがって「人間」ではない。よって中華の人間に従わなければならない。しかし、皇帝の徳に心服して自ら貢物を持ってくる者には、その野蛮な土地の支配を認める。

　華夷秩序は、日本では「中華思想」の名前で知られる。これを、「中国人は自分をエライと思っている」ととらえる向きもあるが、そう単純なものではない。重要なのは儒教・漢字文化を持っているかどうかで、漢字を使い儒教的価値観を持っているならば異民族も「中華」になる。生まれではなく、文化の有無で差別的な存在かどうかが決まるのだ。これはのちに、漢民族が異民族による支配を受け入れる根拠にもなった。

　自分たちの儒教・漢字文化に対して絶対の自信があるということでもあるが、この問題は追って考えていこう。

薑（さい）の攻防戦で、趙の将は楊端和に向かって「山猿」「部外者」と言い放つ。このように異民族を蔑む見方は、『キングダム』の頃はもちろん、周王朝の頃から根強くあった（33巻）

始皇帝はなぜ不老不死を目指したか

最後に③の天子だが、これは法家の秦がなぜ短命に終わったかの理由でもある。

人を支配するには「権力」が必要で、法家は君主に権力を集中させることに腐心した。だが、その結果生まれたのがアメとムチで縛る政治だ。人々が従う動機が、功名心と恐怖心しか存在しない。

人の忠誠心を引き出すには、「逆らったら怖い」ではなく、「この人に従うことが自分の正しいあり方である、世界のしかるべき秩序である」と思わせなければならない。権力に自発的に従わせるには「権威」が必要なのだ。だが、恐怖政治の法家には権威を作りだす方法が決定的に欠けている。

では、秦以前の王朝は、どのようにして権威を作りだしてきたのか。

存在が確認できる最古の王朝・殷（前17世紀頃〜前11世紀頃）では、王は太陽神の子孫とされていた。この頃、すでに農耕が始まっていたので、「リーダーは太陽の子孫」という物語がもっとも大きな権威を作りだすことができたのだ。支配者層は占いで「神のお告げ」を受けて政治決定を行なっており、政治と祭祀は一体だった。政治的指導者は宗教的指導者でもあり、殷王朝は「祭政一致」だったと言われる。（もっとも、現在では、占いは支配者層によって操作されたものであったことがわかっている）。

これが西周王朝（前11世紀頃〜前770年）になると、太陽神という人格神に代わって、「天」という抽象的な存在が登場する。「王は神の子孫」ではなく、「王は『天』から地上の支配を認められた、天の子」という物語が採用され、王は「天子」とも呼ばれるようになった。

さらに、天子となった周王は、地上の人々を、自分が頂点に立つひとつの大きな家族として再編成した。これが第1章で解説した、周王が一族の娘を諸侯に嫁がせ巨大な宗族を作った「血縁関係による封建制」だ（22〜24ページ）。この血縁関係に基づく秩序を礼といい、祭政一致に対して「礼政一致」と呼ばれる。

話はそれるが、この疑似的血縁関係による封建制は中国独自のものだ。たいていの国は神話などの「物語」を使ってさまざまな氏族の統合を図っている。『日本書紀』で、天皇家が服属させた周辺部族の神を、天照大神《あまてらすおおみかみ》を頂点とする物語の中に位置づけたのが典型だ。それに対し、周は美しく着飾った娘をほかの氏族に送り込むことで、自らの威信を示そうとしている。物語の力を信じない、きわめて即物的な発想である。おそらく、これは支配がきわめて広域にわたり、服属させるべき氏族が中央から離れ過ぎていたことが理由だろう。環境が違い過ぎるため、同じ物語を共有させることが難しかったのだ。

話を戻そう。このように、殷も周も「人間を超えた何か」によって、王が君臨することを正統化していた。

それに対し、秦（前221～前206年）はそのような根拠づけを積極的に行なっていない。第4章で見た通り、思想史の観点から見れば、法家の背後には道家があり、君主は道の体現者である。だが、道と一体化すれば全能者になれるという思想は、「天」のように中国人に深く浸透し了解されていたわけではない。よって、人々の忠誠心を作りだすことには貢献しない。

始皇帝が不老不死を目指したのもここに理由があるのだろう。不老不死になれば、否《いや》が応でも人智を超えた権威が発生するからである。始皇帝は見抜いていたのだ。自らに権力はあっても権威はなく、もし権力に翳《かげ》りが見られれば、人々は叛旗をひるがえすであろうことを。

皇帝号と天子号のドッキング

漢（前202〜8年、25〜220年）に仕えた儒家たちは、皇帝の権威づけを積極的に行なった。その最たるものが、皇帝号と天子号のドッキングである。

先ほど見た通り、皇帝号は法家・道家に由来する。一方の天子号の起源は周にまで遡り、天から王が支配者として承認されたことを強調する。つまり天子は、儒家とも強い関係がある称号だ。

しかし漢に仕えた儒家は、〈中国を実力で支配する〉という〝権力〟を強調するときは「皇帝」、〈天命を受けた聖なる人物が君臨する〉という〝権威〟を強調するときは「天子」というように、ふたつの称号を持ち、そのときどきで使い分けるよう提言した。権力者・皇帝の力の源泉は、周の時代と同様、人間を超えた存在「天」にあるとしたのである。

具体的には、皇帝号は権力を背景に漢の諸侯に命令を下すときと、祖先の祭祀をするときに使われた。

「天」は異民族との間でも共通の、東アジアで広く共有された思想だったため、天子号を使えば異民族とも外交を結ぶことができる。それゆえ、異民族に使者を派遣したり、日本などの外国へ命令をだすときに天子号が使われた。

また、もっとも尊い天に皇帝が従うことで、漢のすべての主従関係が、天―天子のアナロジーで理解された。一般庶民の親子関係も、君主と臣下の関係も、すべて天と天子と同じ関係性だということで正統化されたのである。

これは漢によるポスト氏族制秩序の構築といえる。秦が推し進めた法家型支配により、君主のもとですべての人は平等ということになった。そのフラットな秩序を、皇帝―官僚―庶民というピラミッドに作り替えていったのである。もちろん、かつての氏族制社会とは比べ物にならないほどゆるやかで低いピラミッドだが。

具体的な制度として、それは「二十等爵制」として実現した。皇帝から庶民までのすべての人を、天を頂点とするピラミッドの中に位置づけたのだ。

なぜ漢帝国は400年も続いたか

こうして、漢の初代皇帝・劉邦は、後から天命が降《くだ》った「天子」だったことにされた。皇帝が死んだら、皇帝の嫡長子が天に即位を報告し、承認されることで、新皇帝も天子となる。そう考えることで、本来、儒家とは無関係だった皇帝号を、天子号と結びつけた。

法家にはこのような「正統化」の理論が欠けていた。強い権力を持った皇帝が武力と法で人々を支配したとしても、それではなぜ皇帝の息子がその力を受け継ぐことができるのか。なぜ人々は二世皇帝に従わなければならないのか。法家の思想のみではこのような疑義が出かねない。「初代皇帝と同様、二世皇帝も強い権力を持っているから従う」という理由だけでは、人の忠誠心を調達することはできないのだ。

武帝の時代には、儒家の董仲舒《とうちゅうじょ》が「皇帝＝天子の支配を、天が正統化する論理」をさらに精緻なものにした。天は徳のある人物に対して天命を与えて天子とするが、天子が悪政を行なったときは災害を起こして戒める、というのがその説である（天人相関説）。

つまり皇帝が「権威を持った天子」であるためには、儒家的価値観に基づいた政治を行なわなければならないということだ。皇帝に「仁政」の枠をはめたのである。

漢は15年の中断期をはさむものの、合わせて420年間にわたり継続した。中断の前を前漢、そのあとを後漢と呼び、中国でもっとも長期にわたって続いた帝国となった。

おそらく漢の初期、支配者層は困っていたのではないだろうか。中央集権型の統治を行なわなければ異民族に侵略されてしまうが、法家を公式イデオロギーに採用しても長続きしないことがわかっている。そこで、一時的に「ゆるやかな法家・道家」である黄老思想を採用したが、これは統治について揺るぎない指針を与えるものではない。

そうしたときに、昔からある制度や慣習を認めながら、統一と中央集権を肯定する論理を飲み込んだ儒家が登場する。それがあまりにも中国人にフィットしていたために、漢は長期政権になったのである。

漢字は、なぜ「漢」の字と呼ばれているのか

漢の後、三国志の時代を経て晋が中国を統一するが、50年程度で匈奴の侵略を受ける。

その後は五胡十六国、南北朝という分裂時代が280年以上続き、その末期には北周という周王朝の再来を目指す国も建てられた。ここでは、周にならって封建制が布かれている。だが、孔子《こうし》が憧れた周は儒教にとって理想の国家といえるが、それは単なる「理想の国家像」であって、「現実の国家の規範」にはならない。北周はたった25年で滅び、中央集権型の隋（589〜618年）にとって代わられた。

隋は250年ぶりの統一帝国だ。鮮卑と漢民族が融合した異民族系の国家だったため、儒教ではなく仏教を国教とした。しかし、儒教的価値観を身につけていない人間を下に見る中国人には受け入れられず、30年足らずで滅ぶこととなる。

その後に登場したのが唐（618〜907年）だ。

北周は封建制を布いて短命に終わり、隋は仏教を国教にして滅びた。唐は中央集権の儒教国家である漢を参照し、大一統・華夷秩序・天子を「古典」として復活させた。唐は300年近く続き、東アジアで広大な領土と絶大な影響力を及ぼすにいたった。

やがて唐が滅んだ後、五代十国の54年間の分裂時代を経て、宋（960〜1279年）が中国を統一する。宋はひとつ前の統一帝国である唐、つまり漢の「古典中国」をモデルとした。

のちに宋が北半分の領土を失い、南に拠点を移して成立した南宋で、朱熹《しゅき》という儒学者が朱子学を打ち立て、古典中国はマイナーチェンジを見る。その後、モンゴル人の元が中国を支配し、次に生まれた明（１３６８～１６４４年）は南宋をモデルにした国作りを行なう。清（１６４４～１９１２年）も基本的に同様である。

儒教の経義に基づいた漢の「古典中国」モデルは、こうして中国大陸で何度も参照され、再生していった。中央集権による完全縦割りの官僚制度は国家の基本形として定着し、儒教は中国の国教として政治、社会の指導理念となる。現在にいたるまで中国では学術、思想などあらゆるものが儒教によって規定されている。

たとえば、「漢字」という呼び方もこの流れで出てきたものといえる。中国で使われている表意文字を漢字と呼び始めたのは、宋の時代からだ。それまで中国周辺の異民族で独自の文字を持つ者はいなかったが、宋代になって契丹人《きったんじん》が北方で遼《りょう》という国を建て、一大勢力を築く。この遼は契丹文字を持っていたため、中国人は自分たちが使っている文字に名前を付ける必要が出てきたのだが、そこで宋の人々は、宋字ではなく「漢」字と呼ぶことを選んでいる。

漢は今もなお中国人の理想であり、回帰していくべき場所である。劉邦が漢を国名にしたのはその拠点が漢中という場所だったからだが、漢民族とは漢中出身者のみを表すわけではない。異民族であっても、言語が違っていても、漢字を使い儒教的価値観を身につけ、文化や習慣、衣服を改めれば漢民族になれるのだ。

中国人はなぜこれほど「自信満々」なのか？

中国人は国が混乱し新たな政体を打ち立てる必要に迫られたときにも、参照すべきモデルを持っていた。たとえなにか問題が起きても、自分たちの作りだした儒教文化に立ち戻れば打開できる、そのような絶対的な信頼があったのである。このような態度の根底にある文化を「斯文《しぶん》」という。なぜこれほど強固に、斯文は中国人に根付いているのか。

第4章で記した通り、周の王は、自分たちの祖先に伝説的な君主がいることを強調し、血統の尊さから権威を作りだした。このような伝説的な君主の徳の高いふるまいと、漢字という不思議な文字の体系が、狭義の斯文の対象である。

孔子が儒家の経典として採用した『尚書』や『詩経』はこの伝説的な君主のエピソードをまとめた民族の古伝承だ。さらに、文字を発明したのも儒家の聖人だと説く。さまざまな中華圏スーパーヒーローを取り込み、それを儒家の権威の源泉としたのである。

儒家が法家をはじめとする諸子百家のさまざまな思想を吸収していったことも思い出してほしい。つまり斯文の対象は、もともと周王が標榜《ひょうぼう》した「君主の心構え」や孔子による「人々が生きる指針」、漢字という文字の体系だったはずが、漢代に大きく拡大する。始皇帝が実践した法体系や官僚制度、統一機構といった総合政策パッケージまで含むものになったのだ。広大な土地と膨大な民を一元的に支配する、人の情を排したきわめて実践的な技術を、儒教という古くからの価値観でコーティングしたのである。この強力さに魅せられたために、斯文は中国人エリートに引き継がれてきたのだと私は考えている。

こうして中国人から拒否されたかに見えた法家は形を変えてひそかに受け継がれ、中国大陸を影から支配してきたのだ。

現代によみがえる法家

時は移って20世紀。中国共産党は儒教を旧《ふる》い中国の象徴と見なし、さかんに攻撃した。しかし、1980年代からゆるやかに見直しが始まり、今では積極的に儒教研究者に資金を援助し、中国各地に孔子廟を建て、海外に「孔子学院」という教育機関を輸出するまでにいたった。西洋とは異なる中国独自の思想体系として、かつての儒家と同じように、ときの政府の正統化を願っているのかもしれない。

法家は儒家に取り込まれた後、再び歴史の表舞台に立つことはなかった。しかし、儒家の背後から強力な中央集権統治のノウハウを提供してきたことは、これまで繰り返し述べた通りだ。

加えて、2010年代に入り1億7000万台にも及ぶという監視カメラ網が整備され、顔認証技術の完成度が急速に高まっている。また、勤め先の社会的信用度やネット上の行動が得点化され、高得点者には現実社会でさまざまな便宜が図られる「スコアリング社会化」が急速に進展している。ローンを期日までに返済する、慈善団体に寄付をするといった行動で得点が上がるため、中国人のふるまいが急速に「道徳的」になっているという話も聞く。

ここでの評価基準は儒教的価値観によるものだが、良い行動にはプラス評価を与え悪い行動にはマイナス評価をすることで人の行動を律するという仕組みは、まさしく法家の「信賞必罰」である。アメとムチを使ってトップがすべての人を直接管理し、中央への反乱を決して許さず、広大な領土を一元的に支配しようとする法家の理想に対して、現実のテクノロジーが2200年後にようやく追いついてきた、ともいえる。

中国は古代の統一帝国がずっと続いていた不思議な国だと述べたが、本質的には現代でも変わっていないのかもしれない。まさしく稀有な国だという思いを、これまでにも増して、私は強めている。

おわりに

日本がアメリカから政治的圧力を掛けられたり、東アジアで政情不安が生じるたびに、EU（ヨーロッパ連合）のような地域連合体が東アジアでも必要ではないか、という主張が聞かれることがある。論者によって参加国のイメージは異なるが、おおむね日本や中国、韓国のほかに、ベトナムやインドネシアといったASEAN諸国を加えたものが想定されているようだ。

こうした議論を聞くようになってから、すでに長い年月が経つ一方、実現に向けた歩みが進んでいるようには到底見えない。その理由として、各国の社会体制の違いや経済格差を挙げる声もあるが、私が見る限り、より根本的な理由はほかにある。

本書をここまで読んでくださった方々には、もうお分かりだろう。本当の理由は、東アジア共同体ではなく「中国大陸共同体」が、2650年も前に成立済みだからなのだ。春秋時代の覇者体制である。さらにその後の秦漢帝国によって「政治的統一」まで至ったことが、問題をより根深いものにしている。

第1章で説明した通り、周王朝とは、点に過ぎない邑のネットワーク（邑制国家）のことだった。それが、春秋時代に入るとそれぞれの邑は力を蓄え、支配領域を拡げ、やがて「領域国家」へと成長を遂げていく。それぞれの邑や国を支配する諸侯は東周の王を奉り、「覇者」の主導のもとで異民族に対抗した。覇者をトップに据えた一種の「国家連合」を結んだのだ。

戦国時代になって東周王の権威が失われた後も、多くの国は「国家連合体制」を望んでいた形跡がある。当時はピラミッド型の氏族制社会を基盤としており、連合体制はそうした社会構造とぴったり適合していたからだ。

しかし、覇者による国家連合体制の成立から約430年後、他の六大国とはまったく異なる社会構造を築き上げた秦によって、中華の地は平定された。秦による中央からの一元的支配と、その継承者である漢が構築した体制によって、中国大陸共同体は統一帝国へと変貌したのである。

そんな中国から遅れること2600年。ヨーロッパ大陸は20世紀も後半に差し掛かろうという頃に、ようやく統合の動きを見せ始めることとなった。EC（ヨーロッパ共同体）、およびEUの成立である。それから半世紀が経った現在、グローバル化の進展にともない、より緊密な連携が叫ばれている。だが、EUの中で大きな地位を占めてきたイギリスが離脱を決めるなど、その存立は不透明と言わざるをえない。それればかりか、一国をまとめ上げることすら困難な時代になっているといえる。

このように、ヨーロッパは21世紀になっても政治的統一を達成できない一方で、中国大陸では2200年前に統一政体が誕生している。その後も多くの時代において、中央集権的な支配が成し遂げられてきた。現代と比べればコミュニケーション手段がまるでない時代に、広大なエリアを中央から管理し続けてきたのである。

その成功をもたらしたのは、秦による統一帝国の樹立と一元的支配の徹底、そして歴代帝国が「古典中国」モデルを参照したことだ。これらを根底から支えたのが、法家の思想である。本書で何度も述べた通り、法家がなければ、中国大陸はこれほど何度も再統一されることはなかっただろう。

もし法家が存在しなければ、こんにちの中国大陸はどのような状態にあっただろうか。今のEUに属する国々は、おおむねキリスト教という共通の価値観を有しているが、それぞれ言語もアルファベットの体系も少しずつ異なり、文化にも国民性にもかなりの幅がある。

これと同様に、21世紀の中国大陸も、儒教という共通の価値観は有している一方で、それぞれ別の言語と漢字の体系を持つ、文化も国民性も異なる複数の国々が並び立つような状態になっていたのではないだろうか。14億もの人口を背景に、覇権的な行動を取る隣の超大国は、存在しなかったかもしれないのである。

しかし、幸か不幸か、中国大陸では古代に法家の思想家が出現し、その法家を徹底的に採用した国が全土を平定し、その仕組みが歴代帝国へと引き継がれていった。結果、東アジアでは、中国のみが超大国として存在するというきわめて特異な状態が生まれてしまった。

現代において東アジア共同体が成立するとしたら、日本や韓国、ベトナムといった国々が「中国大陸帝国」に飲み込まれる形でしかありえないだろう。一国だけ、人口や国土が大きすぎるのだ。これが、東アジアで地域連合体が成立しない最大の理由である。

中国は広大な領域を中央から一元的に支配することに、今のところは成功している。これも、歴代帝国が始皇帝の遺産と伝統を引き継いできたことを考えれば、なんら不思議ではない。

そんな始皇帝の遺産を整えたのは、前漢の時代に生まれた「古典中国」モデルだが、それに立脚した形で国家体制を定めていったのが後漢であった。そのときに重要な役割を果たしたのが鄭玄《じようげん》という儒家である。

鄭玄は紀元200年頃に没したが、その後も長きにわたって帝国の支配を支えてきた古典中国は、南宋の儒家である朱熹《しゆき》によってマイナーチェンジされ、洗練の度を増すこととなった。朱熹がこの世を去ったのは1200年であった。

歴史は過去の単純な反復によって成り立っているわけではない。だが、仮に国家モデルの耐用年数が1000年程度であるならば、2200年頃には、新しい中国が完成することになるだろう。今の若者は、その萌芽《ほうが》を目にすることができるのかもしれない。

果たして、中国は次の国家モデルとしてどのようなものを構想するのか。毛沢東は、朱熹の枠組みから脱して古典中国に回帰しようとする志向性を持っていた。実は、朱熹に代わる新しい国家モデルを樹立しようという流れのさきがけだったのかもしれない。

21世紀の中国を知るわれわれにとっては、巨大監視システムを背景に、形を変えて蘇《よみがえ》りつつある法家が、なんらかの示唆を与えてくれているようにも思える。しかしそれについて考察することは、残念ながら本書の枠組みを超えた問題にならざるをえない。

最後に謝辞を記します。漫画『キングダム』を題材にして法家と中華統一を考えるという試みに対し、作品からの引用を承諾してくださった原泰久さんに心から感謝いたします。また、原稿を確認してくださった『週刊ヤングジャンプ』編集部の大沢太郎さんにも御礼申し上げます。

そして、本書がこうして完成したのは、ライターの浅野恵子さんと集英社新書編集部の穂積敬広さんのお力添えあってのことです。おふたりがいなければ、本書は世に出ることはありませんでした。誠にありがとうございました。

構成協力／浅野恵子

渡邉義浩（わたなべ よしひろ）

一九六二年東京生まれ。筑波大学大学院歴史・人類学研究科博士課程修了。文学博士。現在、早稲田大学理事・文学学術院教授。大隈記念早稲田佐賀学園理事長。三国志学会事務局長。専門は古代中国思想史。『三国志演義から正史、そして史実へ』（中公新書）、『儒教と中国「二千年の正統思想」の起源』（講談社選書メチエ）、『三国志事典』（大修館書店）、『春秋戦国』（歴史新書）など著書多数。

始皇帝《しこうてい》 中華統一《ちゅうかとういつ》の思想《しそう》 『キングダム』で解《と》く中国大陸《ちゅうごくたいりく》の謎《なぞ》

集英社新書〇九七五D

二〇一九年四月二二日 第一刷発行
二〇二四年一月一六日 第七刷発行

著者……渡邉義浩《わたなべよしひろ》

発行者……樋口尚也

発行所……株式会社集英社
東京都千代田区一ッ橋二-五-一〇 郵便番号一〇一-八〇五〇
電話 〇三-三二三〇-六三九一（編集部）
〇三-三二三〇-六〇八〇（読者係）
〇三-三二三〇-六三九三（販売部）書店専用

装幀……原 研哉　組版……伊藤明彦（アイ・デプト.）

印刷所……TOPPAN株式会社

製本所……加藤製本株式会社

定価はカバーに表示してあります。

ISBN 978-4-08-721075-0 C0222

Printed in Japan

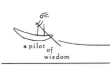